Helga
Der h

»Die Amsel sang wieder einmal so schön, Derden hörte sie, und ich dachte an die Ärztin, die mir kürzlich sagte, nun müssen Sie aber auch seinem Körper die Möglichkeit geben zu sterben! Hören Sie auf, ihm so hohe Dosen Kalium zu geben. Damit verlängern Sie doch sein Leben! Was für eine Anmaßung gegenüber der Schöpfung, dachte ich. Als ob ich Herrin darüber sein dürfte. Ein bisschen Sahnejoghurt im Schatten, eine Amsel singt, Stille. So darf ein Leben doch ausatmen.«

»Ein Buch voller Trost und Gottvertrauen, getragen von der Gewissheit, dass die Toten in uns weiterleben.« Volker Weidermann, Die Zeit

»Schubert schafft es, über die härteste Probe, die eine Ehe ertragen muss, mit so viel Licht und Zuneigung zu schreiben, dass man sich verneigen möchte.« Brigitte

»Helga Schuberts Geschichte einer unendlichen Liebe ist ganz große Literatur.« Focus

Helga Schubert, geboren 1940 in Berlin, war Psychotherapeutin und Schriftstellerin in der DDR. Nach zahlreichen Buchveröffentlichungen zog sie sich aus der literarischen Öffentlichkeit zurück, bis sie 2020 mit der Geschichte ›Vom Aufstehen‹ den Ingeborg-Bachmann-Preis gewann. Der gleichnamige Erzählband erschien 2021 bei dtv und war für den Preis der Leipziger Buchmesse nominiert.

Helga Schubert

Der heutige Tag

Ein Stundenbuch der Liebe

dtv

Auf Seite 189 und auf Seite 223 habe ich Passagen
aus zwei meiner 1994 und 1995 bei dtv erschienenen
Erzählungsbände einbezogen und verändert:
›Ansprache einer Verstorbenen
an die Trauergemeinde‹ aus ›Die Andersdenkende‹
und ›Ein kalter Tag‹ aus ›Das gesprungene Herz‹.

Von Helga Schubert ist bei dtv außerdem lieferbar:
Die Welt da drinnen
Judasfrauen
Lauter Leben
Vom Aufstehen

2024 dtv Verlagsgesellschaft mbH & Co. KG, München
© 2023 dtv Verlagsgesellschaft mbH & Co. KG, München
Umschlaggestaltung: dtv nach einem Entwurf
von Lübbeke Naumann Thoben, Köln
unter Verwendung des Gemäldes ›Still Life on Balcony‹
von Igor Moritz, 2020
Satz: Uhl + Massopust, Aalen
Gesetzt aus der Garamond
Druck und Bindung: Druckerei C.H.Beck, Nördlingen
Printed in Germany · ISBN 978-3-423-14910-5

*Darum sorgt nicht für den andern Morgen;
denn der morgende Tag wird für das Seine
sorgen. Es ist genug, dass ein jeglicher Tag
seine eigene Plage habe.*

Matthäus, Kapitel 6, Vers 34

Jede Sekunde mit dir ist ein Diamant, sagt Derden zu mir und umarmt mich, als ich morgens in sein Zimmer und an sein Pflegebett komme.

Wir sind seit 58 Jahren zusammen.

Zwei alte Liebesleute.

Ist es morgens oder abends, fragt er mich dann.

Ich gehe ins Badezimmer, fülle seinen Zahnputzbecher mit warmem Wasser und ein paar Tropfen Zahnputzwasser, spüle sein Gebiss, gehe damit in sein Zimmer, setze mich auf seine Bettkante, er rückt mühsam etwas zur Seite, damit ich es auf der Matratze weicher habe, ich gebe ihm den Zahnputzbecher und zum Ausspucken der Mundspülung einen leeren großen Joghurtbecher.

Ich schlage sein Deckbett zurück, leere den Bettbeutel des Blasenkatheters, fühle, ob die Windel nass ist.

Ich liebe ihn sehr.

Ich rolle den Rollstuhl ganz nah an das Pflegebett, ziehe ihn langsam zum Sitzen hoch, bei ihm dreht sich alles. Ich soll noch etwas warten, bis das vorbei ist.

Ich bringe ihm seinen flauschigen dunkelblauen Bademantel, helfe ihm, den rechten Arm in den Ärmel zu strecken, ziehe den Bademantel um seinen Rücken, denn der linke Arm findet sonst nicht den Eingang.

Dann stellt er die Bremsen am Rollstuhl fest, das muss zur Routine werden, sonst rollt der Rollstuhl weg, wenn er von der Bettkante umsteigen will.

Also bleibe ich nur stehen.

Nein, lass mich, sagt er, fass mich nicht an, ich verliere sonst das Gleichgewicht.

Dann stützt er sich auf die Lehnen des Rollstuhls, dreht sich in kleinen Schritten und lässt sich ächzend auf das Weichsitzkissen des Rollstuhls nieder.

Dann schiebe ich ihn an den Frühstückstisch im Wintergarten, hab vorher für uns alles gedeckt.

Dann arrangiert Derden seinen Frühstücksteller, jeden Morgen auf die gleiche Weise: mit einer Avocado, ausgelöffelt wie ein Ei, einer Mandarine, einem geschnittenen gekochten Ei, einem Brot mit salziger Butter und Kräutern. Und Kaffee mit drei Tabletten Süßstoff und warmer Milch, daneben kalter Tomatensaft und Ginger Ale zu den acht Morgen-Tabletten zum Entwässern, zum regelmäßigen Herzschlag und gegen alle möglichen Entzündungen.

An Ihrer Stelle würde ich Ihrem Mann einfach ein paar Tropfen Morphium mehr geben, das ist doch kein Leben mehr für ihn, riet mir der Spezialist in der Schlafforschung vor vier Jahren.

Er aber ist entschlossen, sich sofort umzubringen, wenn seiner Frau etwas zustoßen und sie daran sterben würde. Ohne sie wäre sein Leben sinnlos.

Ich machte ihn auf den Widerspruch aufmerksam.

Aber für ihn war es kein Widerspruch und nicht vergleichbar.

Derden trinkt so gern Kaltes und sitzt so gern in der Sonne und sieht den Amseln beim Nestbau zu und den Pferden nebenan, dem Fohlen, das sie durchgebracht haben, obwohl das Muttertier die Geburt kaum überlebte, und den Wildgänsen über uns in ihrem wundersamen Dreieck.

Er möchte, dass ich in der Sonne neben ihm sitze.

Beim lieben Gott will er ein gutes Wort für mich einlegen, gleich am Eingang sitzen bleiben, bis ich nachkomme, und sagen:

Da ist sie.

Ich kann nichts mehr, sagt Derden, und ich habe doch Bücher geschrieben. Und ich habe über 1300 Bilder gemalt. Über 1300 Ölbilder. Und im letzten Jahr nur zwei.

Ja, sage ich, wunderschöne Gemälde.

Und in diesem Jahr kann ich gar nicht mehr malen. Alle Ölfarben sind in den Tuben vertrocknet.

Und im letzten Jahr hast du eigentlich hundert Bilder gemalt in diesem einen Bild, das eine immer wieder übermalt: den Blick vom Pflegebett nach draußen in die großen Blüten der Magnolie. Auf dem Fensterbrett davor die beiden Barlach-Bronzen, der Flötenspieler und der Buchleser, dann noch der große geschnitzte Rabe aus Holz.

Dann wurde es Sommer, die Blüten der Magnolie fielen ab, dann Herbst, es fielen ihre Blätter, dann kam der Winter, und Schnee lag auf den Ästen, dann taute es, und der Magnolienbaum war ganz kahl. Mit deinem Bild bist du den Jahreszeiten gefolgt, viele Öl-Schichten übereinander.

Derden ist mir ein Menschenleben lang nah. Zum ersten Mal begegnete ich ihm vor 66 Jahren. Ich war eine, was Männer betrifft, vollkommen unerfahrene Siebzehnjährige.

Im Zeltlager nach der Zehnten hatte mich mal ein Junge auf den Mund geküsst, wir waren zu viert nach dem Eisessen an den Strand gegangen, er drehte mich an der Schulter zu sich und lächelte mich fragend an, ich weiß heute noch seinen Namen, er war so alt wie ich, mir viel zu ähnlich. So einen Bruder hätte ich gern gehabt. Wir verabredeten uns nicht wieder.

Derden dagegen hatte von Anfang an etwas Geheimnisvolles für mich. Er war damals ein dreißigjähriger Uni-Assistent am Berliner Psychologischen Institut und musste wie seine Kollegen mit uns Abiturienten Aufnahmegespräche für das Psychologie-Studium führen.

Ich war ihm zugeteilt. Er wirkte etwas gelangweilt und auch etwas hochmütig auf mich. Bis zum Abitur konnte ich mich einfach nicht für ein Fach entscheiden, weil mir eigentlich alles Spaß machte: Mathematik sowieso, dann auch Chemie (kommen Sie mal an die Tafel, Helga, erklären Sie der Klasse die Formel, Sie können chemisch denken), an Biologie hatte ich auch gedacht, dann an Germanistik, die Liebesszenen aus den Theaterstücken im Deutschunterricht sollte ich im Dialog mit dem Lehrer lesen, das wäre heute sicher verdächtig.

Ich war ein streng erzogenes Kind und hatte schließlich an das Fach Psychologie gedacht, gehofft, dass man beim Psychologie-Studium doch ein wenig mehr Menschenkenntnis erwirbt als nur beim Lesen von Dostojewski oder beim Zuhören in Gerichtsverhandlungen.

So antwortete ich auch auf Derdens Frage, wie ich denn ausgerechnet auf diesen Studienwunsch gekommen sei.

Ich hatte den Eindruck, dass er mir meine Illusion, Psychologie könnte ein interessantes Studienfach sein, von Anfang an austreiben wollte.

Er sprach von der Anatomie des Zentralnervensystems, statistischen Prüfverfahren, Konzentrationsleistungstests und empfahl mir vor dem Studienbeginn ein Jahr ungelernte Arbeit in der Fabrik, um auf den Teppich zu kommen.

Vergessen Sie die Idee, ein Jahr Nachtwache in der Psychiatrie zu machen, sondern kommen Sie in Kontakt mit Menschen, die nicht immerzu lesen. Sie erhalten eine Vorimmatrikulation für das nächste Studienjahr. Bei Ihrem Zeugnis müssen wir Sie ja nehmen, sagte er abschließend.

Er hatte schwarze Haare, dunkle Augen, einen Schnurrbart, einen weißen Kittel an, auch Kreppschuhe, die hatte er offensichtlich aus Westberlin, die Mauer wurde ja erst vier Jahre später gebaut.

Ich hatte geplant, mit achtzehn sofort in den Westen zu gehen und dort weiterzustudieren. Das Abitur hätte man im Westen nämlich nachmachen müssen, weil wir es im Osten ja nach zwölf Jahren ablegten, während man als Ost-Studentin an eine westliche Uni in das entsprechende Semester wechseln konnte. So wollte ich ein Jahr Lebenszeit sparen.

Das hat mir dieser Assistent vermasselt, dachte ich damals ärgerlich.

Ich arbeitete dann tatsächlich ein Jahr am Band und lötete mit dreihundert anderen Frauen in einer Montagehalle an einer Punktschweißmaschine Fernsehempfangsröhren am Band, wurde von der Meisterin in der Endkontrolle und dann als Springerin eingesetzt.

Nach diesem sogenannten Praktischen Jahr durfte ich endlich studieren, hörte bei Derden Vorlesungen und bestand Prüfungen bei ihm.

Eine ältere Mitstudentin sagte mir einmal, dass er eine Strindberg-Atmosphäre hervorrufen würde. Das habe ihr eine Doktorandin anvertraut.

Ich war inzwischen mit einem Maler und Grafiker verheiratet, der großen Wert auf mein Äußeres legte, denn meine Vorgängerin war eine Modestudentin gewesen, meine jeweilige Nebenfrau, wie ich erst später erfuhr: Schauspielerin, Tänzerin, Aktmodell. Auf seinen Wunsch färbte ich meine Kleidung schwarz, meine Haare hennarot und trug violette Strümpfe aus Westberlin zum Kurs 1:6.

Derden erinnert sich noch heute an diese violetten Strümpfe, auch daran, dass beim Mittagessen in der Mensa einmal das Gespräch auf mich gekommen war mit dem Ergebnis, dass ich eine Frau zum Heiraten sei und einen sehr verheirateten Eindruck mache, da ich nicht flirtete. Und ich erinnere mich noch an eine irritierende Situation nach vierjährigem Studium: Ich kam aus der Instituts-Bibliothek, im Flur hing mein Mantel, ich nahm ihn vom Haken, in dem Moment kam Derden, der dort mit jemandem gesprochen hatte, zwei Schritte auf mich zu, fragte, ob er mir in den Mantel helfen dürfte.

Ich ließ es zu und bemerkte, dass er, ohne mich zu berühren, die Arme um mich legte, mich gleichsam mit meinem Mantel einhüllte. Es war eine unglaublich zärtlich respektvolle und ritterliche Geste. Wortlos ohne Zudringlichkeit.

Da war in Berlin schon die Mauer gebaut, er hatte zwei kleine Kinder, einen Sohn und eine Tochter, und ich einen kleinen Sohn.

Im folgenden Jahr, dem letzten in meinem Studium, betreute er meine Diplomarbeit, ganz sachlich, und später, als ich schon arbeitete, besuchte ich einen Kongress in Dresden, an dem er sich nach seinem Vortrag mit einem Kollegen zu mir setzte.

Sie fragten mich, ob ich auch zu dem vorgesehenen Tanzabend käme. Ja, das hatte ich vor.

Dort forderte er mich zum Tanz auf – und plötzlich war es leicht, ganz leicht. Wir hatten noch nie zusammen getanzt. Er war nicht hochmütig, nicht ironisch, nicht verstellt, ganz selbstverständlich und mir vertraut.

Er sagte: Sie haben ja eine Weichheitsstruktur. Das war sieben Jahre nach meinem Aufnahmegespräch.

An dem Abend gingen wir viele Stunden an der Elbe entlang, unten am Wasser, unter den Brücken, und erzählten uns unser Leben, zwei erwachsene, verheiratete Menschen, er 37 und ich 24. Und wir wussten, dass es ernst mit uns wird. Und hielten noch Abstand in dieser Nacht. Ein Tor hatte sich für mich geöffnet, in eine Welt vor meinem eigenen Leben: Er hatte die Nazizeit als Jugendlicher schon bewusst erlebt, war Soldat gewesen, Kriegsgefangener der Amerikaner in einem belgischen Bergwerk, hatte die Eltern verloren, sie waren auf der Flucht gestorben. Und er war das Jüngste von ihren vier Kindern, das alles durfte, das geliebt wurde.

Ein Tor in seine Welt, in die er mich einlud und auch heute noch einlädt.

Wenn ich abends alles Notwendige an ihm gerichtet und für die Nacht vorbereitet hatte, auf seiner Bettkante saß, nur seine Nachttischlampe an war, wir unsere Hände ineinander verschränkten, seine kalten in meine warmen, begann unsere schönste Tageszeit: Er sagte, dass ich seine Mutter, Schwester, sein großer Bruder, die alle tot sind, sein Mann und seine Frau sei. Alles. Ich fragte ihn, ob er auch keine Schmerzen habe, und freute mich schon auf das Hochfahren des Laptops, vorher das Begrüßungsbild von hohen Wellen an einem Fort im Atlantik. Eigentlich ist es egal, wo ich lebe, dachte ich, Hauptsache, er ist da, und wenn er nicht mehr in diesem Pflegebett liegen würde, zufrieden und gesättigt und ohne Schmerzen, sondern sein Körper tot wäre und ich in einer Einzimmerwohnung, vielleicht in einem Heim oder einer Alten-WG in den Niederlanden oder an der Nordsee oder in Berlin leben würde, wäre er ja auch immer da, denn er ist ja in mir.

Als ich das Licht der Nachttischlampe ausknipste, ihn küsste und aufstand, sagte er tatsächlich in der Dunkelheit, aber ganz dunkel war es nicht, denn erstens leuchtete der Adventsstern innen an seinem Fenster, zweitens schien das Wohnzimmerlicht immer nachts durch die geöffnete Tür, drittens war in meinem Arbeitszimmer schon das Licht an und um die Ecke sichtbar, schließlich blinkte auch das Babyphone, er sagte leise:

Dû bist mîn, ich bin dîn.
des solt dû gewis sîn.
dû bist beslozzen
in mînem herzen,
verlorn ist das sluzzelîn:
dû muost ouch immêr darinne sîn.

Und als der ehrenamtliche Hospizbesuchsdienst neulich an unserem Kaffeetisch saß und wir über unsere Anfänge sprachen, fielen Derden plötzlich die Morgenstern-Gedichte ein, die wir beim Zelten vor einem halben Jahrhundert alle auswendig konnten, von dem Schluchtenhund und dem Seufzer auf dem Eis und dem Traum der Magd mit dem Schluss:

*»Halt's –
halt's Maul!«, so spricht die Frau, »und geh
an deinen Dienst, Zä-zi-li-e!«*

Es war so viel mehr Gemeinsamkeit und Anziehung als durch das Miteinanderschlafen, ja, das wollte ich jeden Tag und er auch, es hat mir Spaß gemacht, ihn unvermutet zu verführen, wenn die Gäste unten an der Klingelanlage im Hochhaus durch die Sprechanlage schon mit uns in Kontakt waren, sie mussten ja erst von unserem Türöffner, wir hörten das Surren, in den Fahrstuhl- und Briefkasten-Eingangsbereich gelangen, dann den Fahrstuhl rufen, warten, bis einer der drei Fahrstühle kam, dann in den neunten Stock fahren, dann durch einen Gang bis zu unserem Aufgang, noch eine halbe Treppe und bei uns klingeln: Genug Zeit für uns. Ich wollte immer mit ihm verbunden sein, und wenn es mein Fuß an seinem war unterm Tisch, mein Knie an seinem Oberschenkel. Die leichte Distanz, der Anflug von Hochmut, den ich oft bei ihm spürte, war dann überwunden.

Zu DDR-Zeiten, sie überwachten mich schon, das Telefon tickte merkwürdig, die Briefumschläge krümelten am vorher gummierten Verschluss, waren also schon geöffnet worden, und Derden war schon Professor an der Uni und wir waren verheiratet, kam er eine ganze Weile amüsiert nach Hause und erzählte, wie wieder eine andere wirklich hübsche Studentin ihn auf der Treppe in der Mensa angesprochen und gefragt habe, ob er auch zum Mittagessen gehe. Und ob sie sich ihm anschließen könne, denn sie wollte schon immer so gern einmal in die Professoren-Mensa gehen. Und als er sie auf ihren Wunsch dort mit hineinnahm, fragte sie ihn, ob man sich nicht auch einmal außerhalb der Uni treffen könnte. Das sei ihm in vergleichbarer Art schon mehrmals angeboten worden. »Dann hab ich ja wirklich Schlag bei Frauen«, erzählte er mir und lachte.

Ich hatte keinen Zweifel daran.

Als dann nach dem Ende der DDR die Akten des Ministeriums für Staatssicherheitsdienst geöffnet wurden und wir unsere Akten einsehen durften, das heißt, die Dienststelle des Bundesbeauftragten fragte mich, wann ich kommen wollte, denn erst sollte ich alles lesen, mein Mann sei vor allem bearbeitet worden, weil er mit mir lebte, und sollte seine Akte erst später lesen, sagte ich, meinetwegen könnten wir zusammen kommen, sie brauchten nichts abzudecken und zu schwärzen, eine Ehe, die eine Diktatur nicht übersteht, sei keine Ehe. So konnten wir nebeneinander in dem Aktenraum sitzen und staunten, wer alles über mich berichtet hatte: ein Literaturwissenschaftler mit dem Decknamen Adler, er war SS-Mann gewesen, ein passender Deckname also, dann jemand in der Uni, und auch unser Wohnungsnachbar. Dann fanden wir den Abschluss-Vermerk der Staatssicherheit: Er ist ein Frauentyp, willigt in gemeinsames, vom Informellen Mitarbeiter vorgeschlagenes Mittagessen in der Mensa ein, lehnt aber vorgeschlagene private Treffen ab. Er scheint der Schubert treu zu sein.

Außerdem stand noch in seiner Akte, dass er einen beruhigenden Einfluss auf mich ausübe, in politischer Hinsicht. Das stimmte, denn ich wollte dauernd mit ihm in den Westen, und er war der Meinung, die vernünftigen Leute müssten im Osten bleiben, besonders diejenigen aus dem medizinischen Bereich und die Pastoren.

Trotz jahrelanger Bemühung, das stand auch noch in meiner Akte, sei es nicht gelungen, in meinem privaten Bereich einen Informellen Mitarbeiter zu platzieren, weil ich ausschließlich von Menschen umgeben sei, die ebenfalls operativ bearbeitet werden.

Die Diktatur der Gartenzwerge hatte unsere Ehe also heil überstanden, und der Offizier dieser observierenden Abteilung XX gegen politischen Untergrund (oder so ähnlich) entschuldigte sich später, in den Neunzigern, sogar bei mir, er fühle Reue und Scham wegen seiner Maßnahmen.

Er scheint der Schubert treu zu sein, dieser Satz ist deshalb so demaskierend, weil er ein verachtenswertes Menschenbild offenbart: Ein untreuer Mann hat solche Angst vor seiner Frau, dass er erpressbar wird und in der Folge seine Frau bespitzelt und verrät, um sich ja nicht mit ihr auseinandersetzen zu müssen, wenn es herauskommt.

Fast dreißig Jahre vor diesem Aktenfund und eine Woche nach unserem nächtlichen Spaziergang am Elbufer rief mich Derden in meiner Dienststelle an. Er sei von der Uni beauftragt, sich im Rahmen der Absolventenlenkung zu erkundigen, wie zufrieden die Amtsärzte mit den Absolventen des Psychologischen Instituts seien, die in den neugeschaffenen Stellen arbeiten. Da ich dazugehörte, und zwar in der Beratungsstelle für Nerven- und Gemütskranke des Stadtbezirks Berlin-Weißensee, wollte er mit mir beginnen. Nachdem er mit dem Amtsarzt gesprochen hatte, der meine Absolventenstelle in eine feste umwandeln wollte, weil ich mich bei den sechshundert Kindergarten- und Schuleignungsuntersuchungen der Jugendärztin in jenem Jahr nützlich gemacht hatte – ich verfügte über mehr Zeit und mehr Testmöglichkeiten als sie, mich verhaltensauffälligen Kindern und deren Eltern zu widmen – kam er zu mir, und wir gingen nach Dienstschluss noch ein wenig zum Weißen See, dann zur Straßenbahn, fuhren zum Alexanderplatz und von dort mit der S-Bahn bis zum Bahnhof Karlshorst. Ich wohnte da – mein Sohn ging in Bahnhofsnähe in den Kindergarten. Derden musste aber für seinen weiteren Heimweg noch in eine Regionalbahn umsteigen und eine Stunde fahren, südlich um Berlin herum, weshalb man den Zug auch Sputnik nannte; die Mauer war ja drei Jahre zuvor gebaut worden, die S-Bahnverbindung nach Potsdam durch Westberlin gekappt.

Und wir begannen, uns für die halbstündige S-Bahnfahrt vom Alexanderplatz zum Bahnhof Karlshorst manchmal zu verabreden. Bei einer dieser Fahrten war ich in größter Sorge um mein dreijähriges Kind, das am Vortag in die Intensivstation gekommen war.

Es war ein Freitag. Und seit Montag jener Woche hatte ich täglich entweder einen ärztlichen Notdienst gerufen oder war mit dem hustenden Kind in die Sprechstunde der Kinderärztin gegangen. Als mein Sohn sich zuhause weigerte, den verordneten Hustensaft zu trinken, sein Vater ihn vor Verzweiflung mit Gewalt und Schütteln dazu zwingen wollte und ich im Gegenlicht sah, wie beim Husten feine Eitertropfen aus dem Mund kamen, rief ich wieder den Kinderarzt-Notdienst. Die diensthabende Ärztin vermutete eine Blinddarmvereiterung, weil sich das Kind mit großen Schmerzen nicht mehr anfassen lassen wollte, und verordnete eine Krankenhauseinweisung. Dort sahen die Ärzte im Röntgenbild die Vereiterung der Lunge, ein Lungenempyem, und zogen den Eiter aus der Lunge ab, legten mein Kind auf die Intensivstation und ließen sich unsere Telefonnummer geben. Die Anzieh-Sachen gaben sie uns mit, weil auf der Intensivstation kein Platz dafür war. Am nächsten Nachmittag, also an dem betreffenden Freitag, sollten wir anrufen.

Das alles erzählte ich Derden auf der Fahrt, und er sagte etwas so Tröstliches, dass ich es ihm bis heute nicht vergesse: Meine Kinder bekommen von ihrer Großmutter aus dem Westen öfter Gummibärchen geschickt, davon könnte ich

Ihnen ein Tütchen für Ihren Sohn mitbringen, wenn meine Kinder damit einverstanden sind.

Noch einen Tag zuvor hatte mein damaliger Ehemann in der Wohnungstür gestanden, mich hasserfüllt angesehen und gemurmelt: Er stirbt jetzt, und du hast Schuld.

Wie konnte ich schuld sein am Tod meines Kindes?, dachte ich. Wie konnte dieser Mensch, der da in der Tür stand und mit dem ich merkwürdigerweise verheiratet schien, mich beschuldigen? Was würde aus diesem Mund noch kommen?

Ich glaube, es waren die Gummibärchen, die selbstverständliche Hoffnung aufs Weiterleben meines Kindes, die Ruhe und die Menschenfreundlichkeit Derdens, für die ich bis heute dankbar bin. Die mir Mut machten, mich aus dieser ersten und zerstörerischen Ehe zu lösen.

Morgens betrachte ich Derden besorgt, wie er sich bei der Pflegeschwester bedankt, die ihn eben geduscht hat, ihn nun im Rollstuhl an den gedeckten Frühstückstisch fährt und sagt: Sehen Sie mal, wie schön Ihre Frau den Frühstückstisch gedeckt hat für Sie.

Jeden Morgen bedankt er sich bei der Schwester, die gerade Dienst hat, und sagt: Vielen Dank für Ihre Mühe, das haben Sie besonders gut gemacht, es hat nicht weh getan. Und wenn sie gegangen ist und sich noch im Vorflur den Schutz von den Straßenschuhen streift, die Tür noch gar nicht geschlossen hat, seine Frage also noch hören kann, fragt er mich: Wer war das? War sie schon einmal da? Ja, seit vier Jahren, antwortete ich früher. Aber inzwischen nicke ich nur und sage Ja.

Pfleger Markus ermahnte mich nämlich, bei

allen meinen Worten darauf zu achten, dass sie mit Liebe ausgesprochen werden.

Sie müssen immer überlegen, bei jeder Handlung: Was ist gut für ihn? Wenn Sie die Zahl der Jahre nennen, könnte es ihn beschämen.

Es genüge, Ja zu sagen.

Ich frage die Pflegeschwester, wie sie es erträgt, nicht erkannt zu werden. Das ist die Krankheit, sagt sie, man darf es nicht auf sich beziehen.

Aber ich will von meinem Mann erkannt werden, sage ich zu ihr.

Als meine Großmutter im Sterben lag und ich Sechzehnjährige allein an ihrem Bett stand, sagte sie flehend zu mir: Komm her zu mir, Ella.

Das war ihre schon lange verstorbene ältere Schwester. Und ich widersprach nicht, ließ sie im Glauben, ging an ihr Bett und streichelte ihre Hand ganz leicht, bis sie starb.

Ich war ausgetauscht, und es war richtig. Ich konnte sie gehen lassen in die andere schmerzlose Welt.

Aber Derden ist ein Teil von mir, das ist etwas anderes als damals am Ende der elften Klasse, als meine Welt weit war und das Leben noch vor mir.

Vor einigen Jahren kam Derden in die Betreuung der ambulanten Palliativschwestern und -ärzte. Alle zwei Tage besuchten sie ihn, verschrieben Morphium gegen die Knieschmerzen. Er nahm bis auf 58 Kilogramm ab, seine Unterschenkel bekamen Wunden. Weil sein Herz so schwach ist und die Nieren es nicht mehr schafften, erklärten sie mir.

Ich sollte die Beine mit Wacholder und Meersalz baden.

Das können Sie hier zuhause nicht steril schaffen, meinte der Palliativarzt schließlich und wies ihn auf die Palliativstation ein. Tagelang nahm ich den frühesten Bus in die Stadt und durfte still bei ihm sitzen bis zum letzten Bus. Durfte ihn mit dem Rollstuhl durch den Park um die Klinik fahren; hier hatten sie im Zweiten Weltkrieg Kranke wie Derden getötet. Ich kaufte Derden für den stationären Aufenthalt ein einfaches Handy: Er rief mich damit nachts an. Immer wieder. Weil ich ihn in Sicherheit wusste, stellte ich zuhause nachts meinen Anrufbeantworter an. Derden weckte seinen Nachbarn und bat ihn um Rat: Zuhause sei statt seiner Frau eine fremde Stimme am Telefon. Und er sprach viele Stunden mit dem Anrufbeantworter, sagte sein Zimmernachbar und bat um Verlegung. Sie schlichen das Morphium aus und stellten einen Dringlichkeitsantrag für das Hospiz.

Ich bestellte ein Taxi vom Krankenhaus zum Hospiz und brachte Derden mit dem Rollstuhl hinein, damit er sich ein Bild machen konnte.

Am Eingang eine Kerze und das Kondolenzbuch für die an diesem Tag Gestorbenen.

Wir gingen in den Raum der Stille, weil wir durch die bodentiefen Fenster sahen, dass die Mitarbeiter gerade zu einer Dienstbesprechung versammelt waren.

Wir beteten dort.

Und dann sagte Derden zu der Leiterin, die bald zu uns kam, dass er gern den Tag über hier sein würde, wenn sie ihm das Malen ermöglichten. Aber schlafen wolle er zuhause.

Das Malen hätten sie einer anderen Malerin schon ermöglicht, antwortete sie ihm, und im Garten sogar ein Zelt für sie aufgestellt, aber schlafen müsse er schon im Hospiz.

Also sagten wir den Platz ab.

Und Derden wurde nach zwei Wochen aus der Palliativstation wieder zu mir nachhause entlassen.

Seitdem sind Jahre vergangen.

Und er hat in dieser Zeit zuhause mehr als dreißig Ölbilder gemalt.

Wann kommt sie wieder, fragt er mich, fragt mich der, den ich so liebe:
Ich nenne ihn Derden.
Ich habe den Namen gegoogelt: Es gibt ihn noch nicht.
Derden fragt mich nach mir, denke ich erschrocken, er erkennt mich nicht.
Ich sage, ich bin doch hier, hier vor dir. Wer bin ich denn, wenn du mich nach mir fragst?
Die Palliativärztin hatte mir bei ihrem ersten Besuch bei uns zuhause prophezeit, vielleicht um mich vorzubereiten:
Bald wird er sie nicht mehr erkennen.
Das ist das Schlimmste, dachte ich damals. Dann werde ich nur eine austauschbare Hilfe für ihn sein.
Nicht mehr die Einzige, die unverwechselbare Geliebte.

Es gibt eine, die dich imitiert, die dich nachmacht, sagt Derden zu mir, wo ist sie jetzt? Ist sie weggefahren? Sie fährt oft weg, dann kommt sie mit dem Taxi zurück. Sie schreibt Bücher und liest daraus vor.

Das bin ich, immer dieselbe, rufe ich.

Sie will hier nicht wohnen, will nach Berlin.

Das bin ich.

Derden sieht mich voll Mitleid an.

Und du trägst das alles? Du trägst viel.

Ich weine, ohne zu schluchzen.

Ich habe bei uns eine Galerie gebaut, sagt er, man muss nur zwei Stufen hinuntergehen. Dort sind alle meine Bilder. Hast du schon einmal meine Bilder gesehen? Habe ich dir die Galerie schon einmal gezeigt?

Ja, ich war bei jedem Bild dabei, das du gemalt hast. Und wir haben in der Galerie 130 Ausstellungen mit deinen Bildern gemacht.

Und weißt du auch, dass ich immer Musik und Gedichte dazu aussuchte?

Ja, ich war immer dabei.

Dann bist du meine Frau. Wie heißt du noch?

Ich nenne meinen Namen.

Dann sind wir seit siebzig Jahren verheiratet.
Nein, seit 47 Jahren.

Als Kind hat mich das Versprechen in dem Lied von Gott und den Sternen so beruhigt, in dem es heißt, dass er alle Wolken und alle Sterne *zählet, dass ihm auch nicht eines fehlet,* und dann kommt dieser wunderbare Satz: *Kennt auch dich und hat dich lieb.*

Kennt auch mich und hat mich lieb. Darauf baute ich die vielen Jahrzehnte mit Derden. Und nun?

Dann bist du meine Frau, aber wo sind die anderen beiden, die so aussehen wie du?

Auch jetzt als alte Frau, dachte ich plötzlich, habe ich ja noch richtige Lebensaufgaben zu lösen:

Es geht nämlich um das Loslassen,

das Annehmen,

es geht um das Friedenschließen,

das Einverstandensein,

um das nicht dauernd den andern, sich und das Leben Ändernwollen.

Wer weiß, vielleicht bestehe ich ja aus drei Frauen. Vielleicht hat er das gerade erkannt. Nur ich wusste es noch nicht.

Wir hatten große Tuben mit Ölfarben bestellt. Aus jeder Tube quetschte Derden einen breiten Strang Farbe heraus und malte sie außen auf die Tuben, damit er sehen konnte, was darinnen ist.

Aber die Kraft fehlt, sagte er. Die Kraft, die er jahrelang hatte für seine Gemälde, immer wieder eine kleine Geschichte.

Das vorerst letzte Bild auf der Staffelei, das eintausenddreihundertdreiundvierzigste: Nur noch mit senkrechten, grauen, breiten Streifen bemalt; das rote Haus, das da einmal stand, ist weg. Er hat das ganze Jahr, manchmal nur zwei Minuten, davor gesessen und ist dabei eingeschlafen.

Früher saß er in seinem Zimmer viele Stunden an der Staffelei. Der Nachbar fotografierte ihn sogar nachts aus dem dunklen Garten heraus, hinter dem erleuchteten Fenster, und ich schrieb nebenan am Laptop meine Geschichten. Ich erinnere mich, dass einmal, vor vielen Jahren, nebenan in seinem Arbeitszimmer eine weibliche und eine männliche Stimme zwei wunderbare verschlungene Melodien sangen. Ein Klavier begleitete sie. Als ich damals an ihm, an seiner Staffelei und an seinem Bild vorbei in mein Zimmer ging, sah ich, dass er im Vordergrund etwas änderte, er malte eine Frau dorthin, an den unteren Rand des Bildes.

Es war sein dreihundertsechsundsiebzigstes Bild. Beschwörungen von Unbedrohtsein, Ruhe und Harmonie, Weite und Unendlichkeit. Die Landschaften waren alle in seinem Kopf. Da gab es sie wirklich:

Da war es ganz still. Da trösteten und vertrugen sich die Leute und nahmen nichts übel. Da trugen sie nichts nach. Und alles, was sonst, hier bei uns, in unserer Welt, unvereinbar war, schloss sich in jener auf wundersame Weise nicht aus und bekämpfte sich nicht. Wie das so ist im Himmel.

Am Abend, vor dem Zubettgehen, wollte er die Frau im Vordergrund eigentlich wieder wegkratzen, obwohl er sie doch stundenlang sorgfältig da hingemalt hatte, vielleicht zehn Zentimeter hoch, wie eine Kräuterfrau mit einem geflochtenen Korb. Ganz allein stand sie im Feld, im Vordergrund, das Bild 70 x 90 cm groß, oben an den Bildrand, als Begrenzung, vielleicht zu einem beginnenden Wald, vielleicht auch zu einer neuen Einsamkeit dahinter, hatte er Bäume gemalt, ganz genau, Zweig um Zweig.

Sie passt da überhaupt nicht hin, sagte er an jenem Abend, ich mach sie wieder weg.

Schade um die Mühe, dachte ich. Aber auch mit ihr hatte ich Mitleid: Wie eine hilflose Kräuterhexe aus dem Märchen kam sie mir vor: gebeugt und verloren.

Überschlaf es doch, sagte ich zu ihm.

Wir hatten kurz zuvor unser Testament aufgesetzt und unterschrieben, weil wir beide, dachten wir, an den Tod denken mussten, auch wegen unserer vier Kinder, die nicht unsere gemeinsamen sind, und weil wir nicht wussten, wer von uns beiden übrig bleiben würde nach dem langen gemeinsamen Leben, weil wir nicht wussten, ob es der Übriggelassene aushalten würde, hier in der Einsamkeit, in der Stille eines abgelegenen Hauses, in einem zuwuchernden Garten.

Es sollte ihm oder ihr aber auch nicht unmöglich sein. Wenn man keine Schmerzen hat und deshalb keinen Arzt braucht, dachten wir damals, könnte man in diesem Garten leben, ohne jemals wieder einen Menschen zu sehen oder mit ihm zu sprechen:

So, wie der junge Alkoholiker im Dorf, dessen Vater sich erhängt hatte und dessen Mutter für immer mit dem Rettungshubschrauber abgeholt worden war, auch nicht mehr aus dem Haus ging. Die Arbeiterwohlfahrt brachte ihm täglich das Mittagessen an die Haustür, und der über die Dörfer fahrende Lebensmittelverkaufswagen, der auch Schnaps führte, hielt extra vor seinem Haus, weil der Mann nicht bis an die Straßenecke herausgekommen wäre. Nun war er, ganz gelb, gegen seinen Willen in die Klinik gebracht worden und schon gestorben.

Aber weil wir genauso wenig wussten, ob es der Übriggelassene von uns in der Stadtwohnung mitten in Berlin aushalten würde und nicht vielleicht doch lieber hier allein in dieser Zuflucht, in dieser Geborgenheit unter dem großen Wildbirnenbaum, unter dem Essigbaum, unter dem abgebrochenen Tulpenbaum leben wollen würde, hatten wir am Vortag das Testament gemacht.

Ich schlief damals bis nachts um drei nicht, weil ich warten wollte, bis sich Konturen in der Schwärze bildeten und ich noch ein anderes Geräusch hörte außer seinem Atem.

Nur er ist es, dachte ich, der mich hier hält.

Als die Männer- und die Frauenstimme dann verstummt waren, ging ich an den Plattenspieler, um die verschlungene Melodie noch einmal zu hören: Peter Schreier und Edda Moser – Lieder von Franz Schubert, Seite zwei der Platte, Lieder nach Romantikern, der Nachtgesang *Licht und Liebe*, der mit dem Satz beginnt: Liebe ist ein süßes Licht.

Und als ich an Derden vorbei wieder zurückging, hatte er der Frau einen Gefährten gegeben: Um sie herum auf dem Boden blühten kleine blaue Blumen, und sie reichte ihm einen solchen Strauß. Aber zufrieden war er damit nicht.

Dann saß ich zwei Zimmer weiter, sodass ich auf der anderen Seite, hinter der trennenden Wand, die beiden noch immer singen hören konnte. Die Türen hatte ich offengelassen. Ich sah neben mir durch die Glaswand, und da arbeitete eine Kreuzspinne an ihrem Netz, einen Faden hatte sie an meinem Korbstuhl befestigt, der seit dem Sommer dort auf der überdachten Terrasse im Regenschutz stand, lange also schon unbewegt.

An den beiden Wänden vor und neben mir hingen zehn von Derdens Bildern, die er mir geschenkt hatte, darunter auch das Pferd auf dem Kohlfeld, und das betrachtet Ikarus, wie er fliegt, ja, er steigt eigentlich noch. Das Pferd als der einzige Zeuge.

Einmal sahen wir am Dorfausgang zwei Pferde, regungslos in die gleiche Richtung nach oben starrend, und folgten ihrem Blick: Da war eine Montgolfiere. Ohne die Pferde hätten wir sie nicht bemerkt.

Das andere Bild von 1994 hat mit meinem Innersten zu tun: Es zeigt zwei Marmorengel, abgewandt in den grauen Himmel fliegend, der eine weißviolette Wolke trägt wie einen gewaltigen Wal. Sie beschützen die Toten, sie wachen am Ausgang, am Hauptweg des Friedhofs. Die Gräber mit weinroten Holzkreuzen, und an der

Seite steht ein Mann ganz allein, gestützt auf seine Krücke. Blickt er in das offene Grab vor sich? Oder spricht er mit dem Raben, der vor ihm auf einem Balken über der Grube sitzt? Da möchte man gern die Erste im Wal sein, denn alles im Bild fliegt auf diese Engel zu, über ihre gekreuzten Arme mit den Palmwedeln hinweg, hinauf in den tröstlichen bergenden violetten Himmel.

Inzwischen war aus der Kräuterhexe eine junge Frau geworden, die neben dem Mann sitzt.

Und er? Zeigt ihr den Mond am Horizont.

Auf den Mond ist Verlass, auf Monds Karle, den hat sich Jonek, wie sein Vater ihn nannte, schon als Kind in des Vaters Gehrock auf dem Marktplatz, der jetzt zu Polen gehört, in der Nacht durch ein selbst gebautes Fernrohr angesehen.

Der Mond war schon da, als Derden noch gar nicht auf der Welt war, und wird auch noch da sein, wenn er nicht mehr in dieser Welt ist. Dann betrachtet er ihn eben aus der Gegenwelt: Tag und Nacht, von dort ist er nämlich immer zu sehen.

Jetzt sangen die zwei das Duet (mit nur

einem T) *Den Tod niemand zwingen kunn*, Bach-Werkeverzeichnis 4 von der kleinen Fünf-DM-Reklame-CD von Ton Koopman und dem Amsterdamer Baroque-Orchester und -Chor, wir tranken Tee, der Regen hatte aufgehört. In Berlin war das gewesen, damals wohnten wir nämlich noch da, die Mauer war weg und wir hatten uns Fahrräder gekauft, um uns das unbekannte westliche, südliche und nördliche Berlin einzuverleiben, am nächsten Tag wollten wir uns dann alle Bachkantaten kaufen.

Das war eine Fehlinvestition mit der Frau, sah mit ihrem roten Kopftuch ja fast aus wie Rotkäppchen, sagte Derden. Den Korb hatte er auch weggenommen. Der störte.

Zwei Tage zuvor war auf dem Bild nur ein einsames Feld mit einem riesigen hellen Himmel darüber gewesen. Und einen Tag zuvor hatte plötzlich diese Frau mit ihrem Korb da gestanden.

Liebe ist ein süßes Licht. Ganz einfach, dachte ich da.

So wurde ich Zeugin aller seiner Bilder.

Mit 27 Jahren hatte ich die Wohnung der ersten, inzwischen geschiedenen Ehe schließlich in zwei Wohnungen tauschen können. Das war mir viele Monate nicht gelungen. Endlich meldete sich auf meine Wohnungstausch-Annonce ein Interessent: Unsere große Altbauwohnung, die Wohnung meiner inzwischen verstorbenen Großeltern, wollte ein Offizier der Nationalen Volksarmee gern beziehen; ihm war eine Zweizimmerwohnung im Stadtbezirk Mitte zugewiesen worden, die war ihm zu klein. Aber für mich und mein Kind reichte sie. Ich sagte dem Offizier, dass mein geschiedener Mann nur ausziehen würde, wenn er auch eine Wohnung bekäme. Er hatte zwar ein großes Atelier in der Nachbarstraße, in dem er seine Freundinnen empfing, aber um seine Gefährtinnen auseinanderzuhalten, brauchte er zusätzlich eine Wohnung. Die Armee konnte ihm helfen.

Also zog ich mit meinem Kind in die Neubauwohnung. Derden besuchte mich regelmäßig, am Wochenende allerdings fuhr er zu seiner Familie außerhalb der Stadt. Und blieb verheiratet. Ich hatte kurz vorher Ingeborg Bachmann gelesen und mir zum Ziel gesetzt, bis zum dreißigsten Lebensjahr eine Änderung herbeizuführen. Ich wollte nicht länger mit einem verheirateten Mann zusammenleben. Ich hatte das Gefühl, dass sich diese Konstellation zementierte: Wir machten zusammen Urlaub, richteten uns dabei nach den Urlaubsplänen seiner Frau, nahmen seine Kinder mit zum Zelten, zu Bootstouren, es war alles ganz offiziell; seine Frau fragte ihn, ob er zu einer Tagung mit ihr oder mit mir fahren wollte, und bei einer beruflichen Zusammenkunft sagte sie zu mir: Meine Tochter schwärmt ja so von Ihnen.

Als ich dann dreißig wurde und er oft bei mir in der kleinen Zweizimmerwohnung übernachtete, schlug ich ihm vor, seine inzwischen seit Jahren leerstehende Berliner Einzimmerwohnung und meine zusammen gegen eine Dreizimmerwohnung zu tauschen. Auf meine Annonce meldete sich ein Mann, der in einer Behörde arbeitete, und schlug mir einen Ringtausch vor: In der neugebauten Rathauspassage am Alexanderplatz gebe es eine Familie, die ihre Dreizimmerwohnung verlassen wollte, weil sie keinen Kindergartenplatz in der Nähe des Alexanderplatzes bekämen und nun jeden Morgen und jeden Abend mit dem Kind im Berufsverkehr hin und her zu ihrem guten, bisherigen Kindergarten in Pankow fahren mussten, noch dazu mit Umsteigen, das Kind und auch sie seien fix und fertig. Er wiederum, der Behördenangestellte, hatte eine Dreizimmerwohnung in Pankow, die der erwähnten Familie gut gefalle, nur, er wollte nicht direkt tauschen, sondern sich von seiner Frau scheiden lassen, weil er homosexuell sei und lieber mit seinem Freund zusammenlebe, das sei aber in seiner Stellung ganz unmöglich. Darum würde er gern in die Einzimmerwohnung Derdens in Pankow ziehen, seiner Frau meine Zweizimmerwohnung in Mitte anbieten, die Rathauspassagenwohnung an uns weitergeben, und die Rathauspassagenfamilie in seine Ehewohnung einziehen lassen. Alles an einem Tag: ein Ringtausch, wie gesagt. Wir waren einverstanden, es fehlte nur unsere Eheurkunde, unverheiratete Leute sollten ja nicht in die schöne neue Rathausstraße ziehen. Ich sagte dem Behördenmitarbeiter die Wahrheit, und er erklärte dem moralisch besorgten Wohnungsamt Berlin-Mitte, dass wir uns gerade auf unserer Hochzeitsreise befänden. Da sagten sie Ja.

Ich war inzwischen dreißig und erwartete von Derden nun wirklich die Scheidung.

Als er nach drei weiteren Jahren, nun war ich 33, immer noch verheiratet war und alles immer selbstverständlicher wurde, ich sogar einen telefonischen Auftrag von seiner Frau erhielt, im Haus der Bulgarischen Kultur eine bestickte Bluse für sie zu kaufen, Sie haben doch so einen guten Geschmack, er bringt Ihnen morgen das Geld, und meine Kollegen in der Klinik mich zu umwerben und zum Wochenende einzuladen begonnen, ich habe gehört, Sie leben mit einem verheirateten Mann zusammen? Also, ich würde mich Ihretwegen sofort scheiden lassen, nur, das muss ich gar nicht, ich bin nämlich frei, da sagte ich zu Derden, dass er meine erste Wahl sei, dass er bei mir das Vorkaufsrecht habe, dass ich aber einen nicht verheirateten Mann wollte, keine Frau neben mir, dass ich sonst die Wohnung wieder in zwei Wohnungen tauschen und mich neu orientieren würde. Dass er sich entscheiden müsse. Einen Monat kam er nicht in unsere Wohnung, sondern blieb bei seiner Ehefrau. Dann fand ich für unsere wirklich sehr schöne Wohnung direkt an der Marienkirche, im obersten Stock, mit weitem Blick, zwei Wohnungen, rief nach einem Monat bei ihm an und sagte, er könne sich seine neue Wohnung ansehen, die Tauschpartner seien einverstanden. Er registrierte mein Angebot, und ein paar Tage später hörte ich beim Abendbrot, wie jemand die Wohnungstür aufschloss: Da war er. In den drei Jahren zuvor hatte er immer geklingelt. Jetzt kam er also an den Abendbrottisch.

Mir gegenüber saß ein junger Arzt aus der Klinik. Derden legte einen Briefumschlag neben die Butter und sagte: Ich habe hier noch einen Beitrag zum Abendbrot.

Es war die Scheidungsurkunde. Die gesamte Scheidung hatte wenige Minuten gedauert, Versöhnungstermin und strittiger Termin oder umgekehrt waren der Einfachheit halber zusammengelegt worden, nachdem der Scheidungsrichter erfahren hatte, dass Derden schon seit drei Jahren eine gemeinsame Wohnung mit mir hatte und seine Frau informiert war, wir mit seinen Kindern im Urlaub waren, mit dem Einverständnis der Ehefrau, und sogar auf ihre Terminwünsche eingingen. Sie hatten dann noch zusammen Kaffee getrunken.

Der Kollege stand auf und verabschiedete sich, er ließ sich auf eine andere Station versetzen. Und Derden sagte beim Abendbrot, dass er die Lösung mit dem Wohnungstausch und der zweiten Wohnung gut fände, sie gern beziehen werde. Denn nun sei ja auch er frei und könne sich neu orientieren.

Zwei Jahre danach bekam ich Krebs und kaufte mit geborgtem Geld das Bauernhaus in Mecklenburg, in dem wir nun ganz wohnen. Und ein Jahr später heirateten wir. Seitdem sind 47 Jahre vergangen.

Als ob alles heute wäre.

Nichts ist vergessen, keine Demütigung, keine Einsamkeit, kein wohliges Versinken im Orgasmus.

Alles wie gerade erlebt.

Eines Morgens wachte ich um sechs Uhr auf, obwohl der Wecker erst um sieben klingeln sollte. Eigentlich hatte ich keinen Grund aufzustehen, denn ich hatte erst eine Stunde zuvor nach Derden gesehen.

Wie schon seit Jahren war ich in der Nacht alle zwei Stunden wach geworden, hatte Licht gemacht, auf den Wecker gesehen. Gab es einen Lichtspalt in der Tür zwischen seinem und meinem Schlafzimmer? Ich ging die beiden Stufen hoch zu seinem Pflegebett an unserer Zwischenwand, vielleicht konnte ich ihn richtig zudecken, war die zusammengerollte Bettdecke wieder in seinen Armen, wie ein Mensch.

Aber Derden lag nicht im Bett. Sein Rollstuhl war auch nicht da.

Ich lief barfuß zur Toilette. Hatte er sich selbstständig dorthin gerollt?

Das Licht war an, er war nicht da. In der Küche, im Wintergarten? Ich rief nach ihm. Da sah ich, dass der Vorhang zur Haustür etwas zurückgezogen hing. Ich schaltete das Flurlicht an, sollte er aus dem Haus in die dunkle Kälte gerollt sein? Ich öffnete die Haustür, und im hellen Flurlicht sah ich vor mir einen großen, schwarzen, viereckigen Abgrund und auf den Pflastersteinen, am Ende der schrägen Ebene über der Eingangstreppe, einen großen, stummen, weißen Berg. Um Hilfe konnte ich niemanden bitten, er musste schnell wieder ins Bett, um sich aufzuwärmen. Wenn er noch lebte.

Das Abdeckgitter über dem schwarzen Abgrund war herausgerissen und lag neben der Treppe. Ich zog mir einen Bademantel über das dünne Nachthemd und fand im Vorflur Hausschuhe. Dann legte ich den Metallfußabtreter über das Loch und ging zu dem weißen Berg.

Da bist du ja, mein Engel, sagte Derden. Ich habe um Hilfe gerufen, niemand hat es gehört, aber du. Ich wollte aus dem Kloster zu dir, in die neue Welt, und die Lämpchen dort haben mir den Weg gewiesen in den Himmel, mein Engel.

Sein Rollstuhl lag zusammengeklappt zwei

Meter von ihm entfernt, war er von dort hierher gekrochen? Ich klappte den Rollstuhl auseinander. Derden hatte sich mit dem weißen Schutzflies zugedeckt. Wie sollte er jetzt in den Rollstuhl kommen? In diesem kleinen Dorf wohnen wir so einsam, keiner würde Hilferufe hören. Ich dachte daran, wie man aus der Badewanne aussteigen soll, wenn man alt ist: Man soll sich hinknien. Darum legte ich das Weichsitzkissen vom Rollstuhl-Sitz auf die Pflastersteine und bat ihn, sich mit meiner Hilfe seitlich aufzurichten, sich dann etwas zu einem Knie zu drehen, sich auf dieses Knie zu stützen, das tat ihm sehr weh trotz weichem Kissen, dann das andere Knie daneben, dann auf einem Bein aufzustehen, dann stellte ich den Rollstuhl hinter ihn, und er konnte sich mit einer Drehung setzen.

Ich schob ihn über die schräge Ebene und das wiedereingesetzte Schmutzgitter ins Haus bis an sein Bett, half ihm hinein und deckte ihn zu, sah nach, ob er sich verwundet hatte. Nur Schürfwunden. Ich cremte sie mit Wundsalbe ein, dann ein Pflaster, dann machte ich ihm heiße Milch mit Honig und setzte mich damit an sein Bett.

Er fühlte sich gerettet, war aber immer noch in seinem Traum. Ich bat ihn, noch eine Stunde im Bett zu bleiben, damit ich mich auch noch eine Stunde hinlegen konnte, bevor der Pflegedienst kam. Er war voller Dankbarkeit und umarmte mich. Und ich küsste ihn auch, war aber voll Schrecken. Was hätte ich tun können, um das zu verhindern?

Pfleger Markus, der vom Pflegedienst morgens bei uns am meisten eingesetzt wird, hatte mir schon vor Monaten dringend geraten, ein Babyphone zu beschaffen. Und das hatte ich auch befolgt. Aber nach einigen Nächten, in denen ich bei jedem Husten aufwachte, weil das Babyphone jedes Mal vibrierte, hatte ich es nachts nicht mehr eingeschaltet; ich wurde ja geweckt, wenn Derden sich nur im Bett herumdrehte. Man würde bald, sagte der Pfleger, zwischen wichtigen und unwichtigen Geräuschen unterscheiden können. Aber ich ließ das Babyphone ausgeschaltet.

Für die eine Nacht, in der es rettet, muss man es alle Nächte anschalten, sagte der Pfleger. Nun hatte ich den Beweis.

Ich muss ein Mittel gegen die Verzweiflung finden, in die ich manchmal falle: Sich vor den Zug werfen, aus einem Hochhaus springen, sich aufhängen fällt aus, Betäubungsmittel, Kognak, Schmerzmittel in hoher Dosierung, alles da, fällt aus, Plastiktüte über den Kopf oder Wasser aus der Wasserschüssel einatmen fällt aus, Psychotherapie, Anruf bei der Telefonseelsorge, Angehörigengruppe sind Optionen, ich hab mir jahrelang die Visitenkarte der Telefonseelsorge in mein Portemonnaie gelegt, ich müsste nicht aus dem Haus, könnte anonym bleiben, und die Menschen am anderen Ende würden diskret sein müssen.

Aber manchmal kann ich nur noch schluchzen. Wenn ich Erbarmen mit Derden habe, dann ist die Traurigkeit weich. Und manchmal weine ich um uns beide. Wie schön wäre jetzt ein Spaziergang im Sand an der Nordsee oder im Halbschatten, wenn die Linden duften, oder im Botanischen Garten, ach, alles nicht mehr möglich, denke ich dann, kann meine Fantasie ausreichen, wenigstens in der Erinnerung all das zu wiederholen? Nie mehr werden wir zusammen eine Treppe hinaufgehen können.

Ich könnte doch stehen üben, vom Rollstuhl mich hochstützen und dann stehen, zwei Minuten, sagt Derden, was meinst du?

Ich sehe ihn so betrübt. Du bist unglücklich, sagt er, vielleicht könnten wir morgen einmal auf die Straße gehen.

Wir waren schon seit Monaten nicht mehr auf der Straße, sage ich, weil du dann so frierst, trotz Wolldecke und Schal vor dem Mund.

Ich friere so im Gesicht, sagt Derden, wenn du mich auf der Straße schiebst.

Manchmal trauere ich nur um mich, diese Traurigkeit ist einsam und kalt. Sie ist voll Vorwurf und Enttäuschung und Bitterkeit.

Manchmal suche ich Trost im Bett, im Dunklen, kaue eine Tafel weiße Schokolade wie ein Stück Brot, denke an unsere weichen Körper, wie sie zusammenpassten, so verschlungen und vertraut, die Bettdecke ist wie seine streichelnde Hand, manchmal schalte ich auch das Smartphone noch einmal an und sehe mir im Internet Berliner Wohnungen an, gehe in Videorundgängen durch die Räume, richte sie ein, nein, keine Badewanne, bin zu alt, kam im Dresdner Hotel nur mit großer Mühe aus dem Wasser, gehe in Street View um den Block, zur nächsten S-Bahn-Station, sehe mir an, wie viele Minuten ich mit dem Fahrrad dorthin oder dahin brauche. Nein, nicht so einsame Gegenden. Ich sehe mir die Fragebögen für die Mieterselbstauskunft an. Ja, drei Mal mehr Monatseinkommen, als die Warmmiete beträgt, sollten es sein, die müsste ich nachweisen anhand der letzten drei Kontoauszüge. Da falle ich also heraus. Und diese Wohnung hat schräge Wände, in der ich keine Bilder hängen und keine Bücherregale aufstellen könnte, und diese hat keinen Fahrstuhl, diese keinen Keller, diese sucht nur einen Zwischenmieter, diese ist nicht renoviert, diese ist möbliert mit furchtbaren Möbeln, diese hat einen durchgehenden Textilbelag, auf dem ich mir Flecken vorstelle, diese einen Laubengang vor dem Fenster. Und diese wunderbare ist am nächsten Tag schon deaktiviert. Wieso ist diese hier nach vier Monaten immer noch frei? Ach, da brauche ich einen Wohnberechtigungsschein. Ich gehe in Zeichnungen durch die Türen und störe diejenigen, die noch in dem halben Zimmer sind. Hier ist eine ruhige Mieterschaft, aber die Wohnung liegt zu ebener Erde.

Mach dir keine Sorgen, sagt mein Sohn. Wenn du eine Wohnung brauchst und in unsere Nähe ziehen willst, musst du die nicht im Internet suchen. Wir kennen jemanden, dessen Frau arbeitet in der Hausverwaltung. Da stirbt immer mal jemand, und es wird eine Wohnung frei. So etwas kommt nicht ins Internet.

Sorge dich nicht um die Zukunft, sagt er. Genieße die Stille und den freien Blick da oben in Mecklenburg. Und wenn es soweit ist, helfen wir dir, ganz in Ruhe.

Ich habe in Gedanken auch schon im Corbusier-Haus gewohnt und den Lärm aus dem Olympiastadion gehört. Die Flure haben Straßennamen. Und jeder kann mit dem Fahrstuhl überall hingelangen, auch ein Fremder.

Etwas wollen und fürchten.

Mitleid und Gesättigtsein vom Samariterleben.

Schlechtes Gewissen, wenn ich an mich denke.

Und Selbstbehauptung.

Gar nicht der Wunsch, aber doch das befreite Gefühl, schon beim Gedanken, dass eine Zeit kommen könnte, in der ich über mein Leben verfügen kann.

Und mein inneres Verbot, über positive Folgen seines Todes nachzudenken.

Der Wunsch, in der Nähe der Familie meines Sohnes zu wohnen, und die Furcht, so hilfsbedürftig und abhängig, wie Derden jetzt ist, selbst einmal zu werden.

Da sind die nur noch 38 Herzschläge in der

Minute, die ich an einem Morgen bei mir feststellte, ein stummes Augenverschließen, denn, so sagte der diensthabende Pfleger: Wenn Sie nicht mehr sind, muss Ihr Mann ins Heim.

Das bestätigte auf meine Frage eine der beiden Derden-Töchter bei ihrem letzten Besuch vor einigen Monaten: Erst Kurzzeitpflege in Schwerin, dann Heim im Prenzlauer Berg in Berlin.

Sie würde ihn natürlich besuchen.

Derden sah sie an und nickte. Früher hatte sie vorgeschlagen, eine Wohnung in ihrer Nähe für ihn zu suchen und ihm dann ein Süppchen zu bringen. An dieses Gespräch kann er sich heute nicht mehr erinnern.

Was mache ich eigentlich, wenn du tot umfällst, fragt mich Derden.

Neben dem Telefon stehen alle wichtigen Telefonnummern. Spätestens am nächsten Morgen kommt der Pflegedienst, der meinen Sohn anruft. Er wird alles regeln.

Du kannst auch die Haustür von innen aufschließen, mit dem Rollstuhl die schräge Ebene herunterrollen, dann auf der Straße zu den anderen Häusern rollen und bitten, dass jemand einen Arzt anruft.

Aber irgendwer muss doch deine Leiche abholen, sagt Derden, am besten ich sterbe gleich mit. Ja, ich sterbe sowieso gleich nach dir.

Oft fragt er mich, wie das Sterben wohl sein wird und was danach kommt. Dann erzähle ich ihm, wie es war, als meine Großmütter starben. Und dass ich nicht weiß, ob sie es vorher wussten.

Starb friedlich im Kreise seiner Familie, steht doch immer in der Zeitung.

Oder in den Märchen heißt es: Als es zum Sterben kam, versammelte er seine Lieben um sich und segnete sie und so weiter.

Die wussten das doch alle, sagt Derden und sieht mich erwartungsvoll an. Woher wussten die das?

Am Neujahrstag schaltete ich kurz vor 12 Uhr mittags den Fernsehapparat an, weil ich den Segen *urbi et orbi* vom Papst erhalten wollte, ich bin zwar nur evangelisch, aber vielleicht wäre ich ja auch gemeint. Dieser Segen kam von Franziskus nicht, aber er sagte etwas, das mein Herz berührte: Er sprach von der durch Gleichgültigkeit verschmutzten Welt. Dieser Mensch in seinem weißen Mantel und seiner runden Kappe aus seinem kleinen Fenster drückte genau aus, viel genauer, als ich es bisher ausdrücken konnte, was mich so traurig macht: Es ist die von Gleichgültigkeit verschmutzte Welt. Ich wollte nur noch um Derden trauern, nicht mehr um mich.

Der Papst sagte dann noch: Niemand kann sich allein helfen. Das allerdings hatte ich bisher gedacht. Was bedeutete es? Dass jeder Mensch Hilfe braucht? Oder dass nur Gott helfen kann? Dass man ihn bitten soll?

Die eigene Hilflosigkeit anerkennen, annehmen und trotzdem zuversichtlich sein, dass Hilfe kommt.

Heute lehnte ich mich erschöpft nach wenigem Schlaf an die Wand neben der Haustür, als die Pflegeschwester an den Abfalleimer ging, und sagte: Wenn ich in dreizehn Jahren, denn so groß ist der Altersunterschied zwischen meinem Mann und mir, auch so schwach bin wie er jetzt, wer wird mir dann helfen, mich waschen, anziehen und Frühstück machen, wer wird den Abwasch und die Wäsche machen, wer wird mir die Medikamente einordnen, wer wird mich trösten und es mir geduldig erklären, wenn ich nicht mehr in der Lage bin, dem Gespräch zu folgen? Dann kann ich hier in dem großen Garten nicht mehr bleiben.

Wir sind doch da, sagte die Schwester.

Und in dem Moment wurde mir klar, dass sie in dreizehn Jahren erst Mitte vierzig sein wird und hier noch im Pflegedienst arbeiten kann und das auch vorhat.

Derden versteht mich manchmal, wenn ich mit ihm spreche. Wenn er sich konzentriert, schließt er die Augen. Dann weiß ich aber nicht, ob er schläft, und ich bitte ihn, mich anzusehen. Ich müsste dieses Bedürfnis nach Augenkontakt aufgeben, denke ich.

Es ist weniger anstrengend, ihm einen Text vorzulesen, der ihn beim Zuhören erfreut, den er dann gleich vergisst, nach dem er mich fragt, den ich ihm wieder vorlese, den er noch einmal vergisst und nach dem er noch einmal fragt, weil er ihn noch nie gehört habe, als schon beim ersten Mal den Mut zu verlieren, sich zu weigern, das Vorlesen zu wiederholen, Vorwürfe wegen der Unaufmerksamkeit und des Vergessens zu machen. Wir alle können hilflos werden und brauchen Erbarmen. Schon morgen kann jeder von uns einen Schlaganfall erleiden, die Brille zerbrechen, mit zerschlagenem Gesicht vor der Wohnungstür stehen.

Wir sind doch da – ein wunderbarer tröstlicher Satz.

Wir sind doch da.

Ich kann ihn nicht ohne Rührung schreiben.

Übrigens ist Derden wieder voller Humor. Alle bis auf mich, und ich fast auch, haben ihn aufgegeben, niemand will ihn mehr operieren, da wacht er dann nicht mehr auf, sagen sie, aber mich fragt er: Wir wissen ja nicht, wer von uns zuerst stirbt, da wäre es gut, einen Bestatter zum Kaffee einzuladen.

Eigentlich, sagt Derden, war es doch auf dem Friedhof in Wilmersdorf ganz schön. Wollen wir nicht nach Wilmersdorf?

Da sind wir doch vor fünfzehn Jahren weggezogen, denke ich. In diese Einsamkeit hier. Und der jungen Pastorin in Dambeck sage ich bei jeder Gelegenheit, dass ich von ihr bestattet werden möchte, auf ihrem Friedhof gegenüber der Dorfkirche, die vom Baumeister der Nikolaikirche in Wismar errichtet wurde. Wenn man bei einer Bestattung auf dem Weg steht, an dessen Seite die

Bronzeplatten über den Urnen mit Namen und Lebensdaten im Rasen liegen, sieht man auf das schmucklose große Kreuz und dahinter auf die Kirche. Die Pastorin lässt für den Zweiten oder die Zweite immer eine Stelle frei im Rasen. Eine Platte ist bunt und getöpfert: Auch das erlaubt sie. Derdens Kinder haben schon gesagt, dass sie sich einmal im Jahr, zum Geburtstag oder zum Todestag, am Grab treffen würden.

Aber Wilmersdorf ist eben näher für die Kinder, sagt Derden, da haben sie es nicht so weit.

Ich war schon bei der Töpferin von Dambeck und fragte sie, ob sie nicht auch so schöne bunte Platten für uns brennen könnte wie die eine, die da schon liegt, von einem Sohn für seine Mutter selbst gebrannt. Sie will probieren, wie sie das frostsicher brennen kann.

Ich habe Derden nach seinem letzten Wunsch gefragt, denn er wollte früher auf dem Friedhof der kleinen Stadt Bobersberg beerdigt werden, jetzt polnisch, in der er aufwuchs und wo sein Vater Bürgermeister war. Nein, das ist vorbei, sagte er. Lieber Wilmersdorf. Falls eins der Kinder mal an sein Grab kommen möchte.

Ich schob ihn im Sommer die drei Kilometer zum Dambecker Friedhof und auch zurück, ich warb für den Blick auf den tiefer liegenden Dambecker See. Diese Sicht ins Tal hat man vom Friedhof aus, sagten wir uns. Dachten wir dabei beide dasselbe? Dass wir nämlich diese Sicht aus der Urne heraus hätten oder aber doch lieber als Besucher-Besucherin der getöpferten frostsicheren Platte? Ich glaube ja sowieso, dass ich nicht da liegen werde, sondern nur die Asche meiner verbrannten sterblichen Hülle; ein beruhigendes Gefühl. Derden ist höflicher und denkt an die langen Anfahrtswege, die seine Kinder hätten und die er ihnen ersparen will. Es ist unentschieden.

Am vorigen Sonnabend haben wir sie beerdigt.

Sie lag in der Kirche im Altarraum im Sarg und nicht in der Urne, wie ich gehofft hatte. Neben dem Sarg waren auf einem Hocker alle Bücher gestapelt, die sie im letzten Jahr in unserem Lesekreis gelesen und ihrer Schwiegertochter geschenkt hatte, der Frau ihres einzigen Sohnes, des Pastors, der nun Magdalenas Trauerrede halten, sie aussegnen und beerdigen sollte.

Und darum hatte die Schwiegertochter die Idee mit dem Bücherstapel neben dem Sarg, das letzte obenauf.

Wir waren über hundert in der kleinen Dorfkirche.

Zu den Proben des Domchors fuhr Magdalena noch in diesem Jahr vom Parkplatz mit dem Roller durch die Altstadt.

Wenn wir uns im Lesekreis trafen, seit zwanzig Jahren in jedem Monat, hatte sie das vereinbarte Buch immer gelesen.

Ihre Intelligenz, sagte eine von uns, erkennt man erst mit dem zweiten Blick; denn Magdalena erschien auch als Achtzigjährige mädchenhaft mit ihren zusammengeknoteten hellblonden Haaren, inzwischen waren sie wohl weiß, aber das bemerkte man nicht, mit ihren weiten kleingemusterten Kleidern und den gestrickten Umhängen, wie aus Schweden, über ihrem runden Körper.

Aber zum Schluss war sie ganz dünn und trank täglich nur noch wenige Schluck Wasser.

Den kindskopfgroßen Tumor in ihrem Bauch, der mit seinen Metastasen überall hingewachsen war, hatte sie nicht bemerkt.

Sie wollte keine Behandlung, keine schrullige Alte werden, sagte sie, nur noch einmal ihren Garten sehen und zuhause sterben.

Und sie starb wirklich zuhause, im Küsterhaus, neben der Kirche, nicht allein, und die Glocken läuteten gerade, um sechs.

Ihr Sohn sagte in seiner Predigt, dass seine

Mutter einverstanden mit ihrem Tod war, dankbar für ihr glückliches Leben.

Und als sie vorm Sterben noch einmal kurz aufwachte und ihre Angehörigen um sich sah, lächelte sie erstaunt und sagte: Ich lebe ja noch.

Sie hatte den Ablauf der Trauerfeier geplant und auch das Bibelwort gewählt.

Nach ihrer Beerdigung sollten wir alle in ihrem alten Garten feiern und nicht traurig sein.

Magdalena wollte, dass ihr Sohn über den Brief des Paulus an die Korinther predigte (1. Korinther 13, Vers 12 und 13) und ihr Sohn erfüllte ihr diesen Wunsch und wiederholte den Briefausschnitt in seiner Predigt mehrmals, immer in einem anderen Zusammenhang.

Ich sah, dass viele, auch junge, so wie ich Tränen in den Augen hatten und ganz still wurden.

Denn der Sinn wurde uns bei jeder Wiederholung deutlicher:

Wir sehen jetzt durch einen Spiegel in einem dunklen Bild; dann aber von Angesicht zu Angesicht. Jetzt erkenne ich stückweise; dann aber werde ich erkennen, gleichwie ich erkannt bin.

Und dann folgte dieses überwältigende Versprechen, in so vielen Traueranzeigen, als Spruch zur Trauung oder zur Konfirmation:

Nun aber bleiben Glaube, Hoffnung, Liebe, diese drei; aber die Liebe ist die größte unter ihnen.

Ich erkannte plötzlich beim Zuhören, dass diese Wiederholungen nichts Ungelenkes hatten, nichts um Originalität Bemühtes, sondern dass der Sohn sich ganz auf die Sprache Luthers verließ, ohne Sorge vor Einfachheit.

Er sprach davon, dass seine Mutter nun im Himmel wohl von Gott gefragt werde, wie es auf der Erde so war, und dass Magdalena genauso gern und ausführlich wie auf der Erde eine halbe Stunde das Neueste erzählen und Gott zum Schluss fragen werde: Wie war die Frage?

Viele in der Kirche, auch ich, lachten erlöst, so wie schon nach Magdalenas Feststellung, ob sie wohl noch auf der Erde sei.

Neben mir in der Kirchenbank saß ein Mann. Er und seine Begleitung sangen und beteten nicht mit, standen nur zögernd und höflich mit auf, wie fremd muss ihnen alles erschienen sein. Sie wollten wohl nur Magdalena die letzte Ehre erweisen.

Und standen nun in dieser unvertrauten Welt.

Magdalena war die Vierte aus unserer kleinen Lesegruppe, an deren offenem Grab wir standen. Und war die erste Witwe gewesen. Bei den anderen blieben die Männer zurück im Leben, Magdalena aber pflegte ihren Mann und überlebte ihn.

Als wir anschließend alle in ihren Garten gingen, um das Fest zu feiern, das sie sich gewünscht hatte, waren in einem Raum des Hauses an Wäscheleinen Fotos von ihr angeklammert, und in einem anderen Raum hörte man ihre Stimme vom Band. Sie erzählte, dass sie sich immer wieder gefragt habe, warum sie bei einem schweren Autounfall vor einigen Jahren nicht gestorben war. Auf der Autobahn Richtung Rostock war sie in der Höhe des Flughafens eingeschlafen, von der Fahrbahn abgekommen, mit hohem Tempo auf einen Findling gefahren, der wie eine Rampe wirkte, war in Wipfelhöhe aufgewacht, der Airbag verbrannte ihr die Brust, und als sie im Wald auf der Erde aufschlug, blieb sie bis auf die Verbrennung unverletzt.

Ihre Rettung durch einen Autofahrer verdankte sie dessen kleinem Sohn, der aus dem

Fenster gesehen und zu seinem Vater gesagt hatte: Kuck mal, da fliegt ein Auto durch die Luft!

Der Vater hielt auf dem Standstreifen, stieg über den Zaun auf das Flughafengelände und fand das Auto mit Magdalena, die ihn bat, ihre Handtasche auf dem Rücksitz nicht zu vergessen, wenn er sie zum Notarztwagen bringen würde.

Ja, an dem Tag war es noch Magdalenas Mann gewesen, der mich anrief; er gab mir die Nummer an ihrem Krankenbett und bat mich, seine Frau anzurufen.

Sie könne einfach nicht fassen, dass sie noch lebe.

Jetzt also hörten wir ihre Stimme nun vom Band. Ihre Erkenntnis, warum sie fröhlich weiterleben konnte:

Sie hatte einfach noch eine Lebensaufgabe vor sich, von der sie damals noch gar nichts wusste:

Es war die Pflege ihres Mannes, der bald nach dem Unfall seine Parkinson-Diagnose erhielt.

Jahrelang stand sie ihm bei, zog mit ihm in die Stadt, in die Nähe ihres Sohnes, sie bekamen die Küsterwohnung neben der Kirche.

Ihr Mann konnte bei ihr zuhause bleiben.

Nur ganz zuletzt, wenn das Treffen unserer Lesegruppe weiter entfernt stattfand, ging er für einen Tag im Monat in eine Tagesstation.

Magdalena organisierte den Umbau des Badezimmers, das Pflegebett, war immer bei ihm.

Und als er sterben musste, blieb sie die Nacht auf, ging nur einmal kurz in die Küche.

Und als sie zurückkam, in der kurzen Spanne seines Alleinseins, war er gestorben.

Sie holte die Schwiegertochter aus dem Nachbarhaus, die Frau des Pastors, ihres Sohnes.

Und alle sangen und beteten und blieben bei ihrem Mann, bis zum nächsten Mittag und holten dann erst den Arzt.

Wir telefonierten damals oft miteinander, und als dann auch Derden pflegebedürftig wurde, blieb sie oft, wenn wir uns als Gruppe trafen, noch bei uns und sprach mit uns beiden. Eine Warmherzige mit Humor war sie.

Immer machte sie uns Mut.

Nun liegt ihre sterbliche Hülle in der Erde neben der ihres Mannes.

Wir jedoch sehen noch durch einen Spiegel in einem dunklen Bild.

Derden glaubt seinen Träumen. Für ihn sind sie wahr. Heute Morgen weckte er mich, die Tür zu meinem Zimmer hatte er aufgerissen, die Stehlampe auf mein Gesicht gerichtet, wie im Verhör, und rief: Du lebst!

Lieber Gott, ich danke Dir: Sie lebt.

Ich hörte dich atmen, schwer atmen, hecheln, dann hast du nicht mehr geatmet und warst tot. Ich wollte den Notdienst rufen, aber ich weiß nicht wie, sagte er.

Ich richtete mich in meinem Bett auf und setzte mich auf die Bettkante. Dann ging ich zu ihm die zwei Stufen, zu ihm in seinem Rollstuhl, und umarmte ihn. Ich sagte, aber durch den Türspalt konntest du meinen Atem doch gar nicht hören.

Du bist auferstanden, antwortete er, du warst tot, und nun bist du auferstanden.

Ich umarmte ihn noch immer und dachte an

die Biologin, die ihre Doktorarbeit über Spatzen schrieb und mir von deren Mehlwurmruf erzählt hatte, der Delikatesse: Hier sind Mehlwürmer! Und die mir auch von den Ureinwohnern Australiens erzählt hatte: Bei ihnen gehören die Ältesten und die Jüngsten zusammen, weil die Jüngsten gerade aus der Heiligen Zone gekommen sind und die Ältesten auf dem Weg dorthin. Kinder und alte Menschen sollten also viel Umgang miteinander haben. Und die junge Biologin fragte mich, ob ein anderer kultureller Blick auf »Halluzinationen« im Alter nicht spannend sei, und zitierte einen kanadischen Ureinwohner mit folgender Meinung: Älteste mit Demenz sind in einer Zeit der Vorbereitung, diese Erde zu verlassen. Wenn der Älteste mit Demenz im Gespräch keinen Sinn mehr macht oder über einen Ort oder eine andere Zeit spricht, die nicht von allen Zuhörern erlebt wird, reist sein Geist tatsächlich und ist in seinem nächsten Leben, auf der anderen Seite. Diese Erfahrungen werden in Geschichten weitergegeben und gelten nicht als Halluzinationen, sondern als realer Teil dessen, was wir als den Kreislauf des Lebens kennen.

Derden bliebe so absolut glaubwürdig, meinte sie, weitsichtig, kindsichtig, innerlich reisend. Das werde als zweite Kindheit beschrieben, der Kreis des Lebens schließe sich auf dem Weg zum Schöpfer, zur Schöpferin.

Gestern rief mich eine einundneunzigjährige Frau um 20:05 Uhr an. Ich kenne sie seit 1987, Übersetzerin von Kinderbüchern, sie und ihr Mann hatten uns schon besucht und uns auch in ihrem Ferienhaus in den Niederlanden am Atlantik zu Gast. Witwe seit fünf Jahren, wohnt allein bei Düsseldorf in ihrem Haus, zwei Töchter, ein studierender Enkel, mit dem sie jeden Tag eine E-Mail wechselt, in ihrem Lesekreis sind außer ihr alle Frauen dement, eine kommt jetzt in die geschlossene Psychiatrie, alle sind verwitwet oder haben ebenfalls demente Männer. Sie erzählte von ihrer dementen Halbschwester, Ärztin, jetzt verstorben, die ins Heim gekommen war, weil sie alle Kleidungsstücke in schmale Streifen geschnitten hatte, als ihre Tochter sie in ihrem Haus besuchte. Das Haus stand danach aus Pietät leer, und wenn ihre Tochter zu ihr ins

Heim kam, fuhren sie zusammen in das Haus, Leben umgekehrt.

Diese Einundneunzigjährige fährt nun als Witwe oft zu ihrem achtundneunzigjährigen Jugendfreund an den Chiemsee, der seit Jahrzehnten allein in seinem Haus lebt und dort auch bleiben will. Silvester war sie wieder da, er genießt ihre Kochkünste.

Er ist nicht dement, ruft sie jeden Abend an. Sie freute sich schon darauf, als wir uns verabschiedeten.

Seit 65 Jahren kennen wir uns, sagte sie, und wir haben so viele Gemeinsamkeiten, können alles besprechen.

Ich sagte zu ihr, dass ich in den letzten Tagen überlegt hatte, sie im Falle des Todes von Derden anzurufen und sie zu bitten, sie vielleicht zwei Tage besuchen zu dürfen.

Selbstverständlich, antwortete sie.

Das Leben ist voller Wärme und Wunder.

Ich brachte Derden etwas zu trinken, leerte den Urinbeutel, der am Bett hing, sagte, dass ich nebenan noch schreibe und immer kommen würde, wenn er klopft, schaltete die Nachttischlampe aus, setzte mich auf seine Bettkante, zog das Deckbett über seine schmaler gewordenen Schultern, streichelte seinen Kopf, küsste seine Schläfen, seine Augenlider, er hatte sie schon beruhigt geschlossen, dann ging ich die zwei Stufen zurück zu meinem Arbeitsplatz.

Vor mir bewegte sich der schwarze Vorhang mit der Kurbelstickerei am Fenster. Warum bewegt er sich, dachte ich, hatte ich das Kippfenster nicht schließen wollen, weil sie für die Nacht Wärmegewitter angesagt hatten? Habe ich es etwa nicht geschlossen? Ich schob den Vorhang beiseite – das Fenster war noch gekippt.

So geht es mir in letzter Zeit häufig: Ich erinnere mich nicht, ob ich etwas getan habe oder nicht. Ich lege zwar bisher weder Schuhe noch das Telefon in den Kühlschrank. Vergaß aber schon einmal, den Wasserkocher anzuschalten, als ich das Frühstück zubereitete, und goss dann das Kaffeepulver mit kaltem Wasser auf.

Ich erschrak, nahm es als Warnzeichen, 83 Jahre, andere Leute in meinem Alter leben schon lange im Heim.

Ich konnte es mir nicht verzeihen, goss den Inhalt der Kaffeekanne in einen Topf, kochte alles auf, goss es dann durch ein Sieb in die Kaffeekanne ab und servierte es ohne Geständnis.

Einmal hatte ich im Dunklen auf dem Smartphone geschrieben und ein Krabbeln an meiner Halsschlagader gespürt. Ich wischte es weg, aber es kam wieder, ich dachte an eine Spinne und schaltete das Licht an:

Da krabbelte eine Wespenkönigin auf meinem Kopfkissen.

Ich habe auch schon E-Mails oder WhatsApp-Nachrichten formuliert und dann nicht abgeschickt, weil das Telefon klingelte und mich ablenkte. Eine unerledigte Handlung: Was sie bewirkt, habe ich im Studium gelernt. Eigentlich müsste sie in mir eine Unruhe hervorrufen, aber im Gegenteil: Ich halte sie für erledigt. Im Onlinebanking habe ich Mühe, mir die sechsstellige TAN zu merken, die ich zur Sicherung auf der Website eintragen muss, und es tröstet mich nicht, dass andere Gleichaltrige ihre Überweisungen mit der Post verschicken, ich sehe es als Menetekel. Und will es verheimlichen. Ich denke an die Gerichtspsychologin, die uns vor Jahren an ihrem Geburtstag zum kalten Buffet in ihre Küche einlud: Die Scheiben ihres Küchenschranks waren mit Erinnerungszetteln beklebt, und als Derden und ich uns von ihr verabschiedet hatten und im Wohnungsflur standen, fragte sie die verbliebenen Gäste, ob wir denn gar nicht zu ihrem Geburtstag kommen könnten.

Schon damals graute mir vor einer solchen Zukunft. Als ein Freund Derdens lebensgefährlich erkrankt war, erkundigte sich Derden telefonisch bei dessen Frau, sie antwortete: Ich weiß nicht, ob er tot ist. Ich glaube nicht, ich muss mal nach ihm sehen.

Und bei seiner Beerdigung bedankte sie sich lachend für unser Kommen.

Am Abend vorher, als ich Derden ins Bett brachte – seit über fünfzig Jahren sind wir Tag und Nacht zusammen –, erinnerte ich mich trotz Anstrengung nicht daran, was am Morgen gewesen war, warum er so geschrien, ganz verzweifelt geschrien und sich danach bei mir entschuldigt hatte.

Aber dann, als ich ihn zudeckte und auf die Schulter küsste, denn er hatte sich, von der Hitze des Tages erschöpft, schon zur Wand gedreht, fiel es mir wieder ein: sechs Uhr hatte er wieder an die Wand zwischen unseren Zimmern geklopft, und ich war sogleich an sein Bett gelaufen: Er war in Panik, sagte, dass er in Lebensgefahr sei. Er hatte ein mehrere Meter langes Elektrokabel hinter seinem Pflegebett hervorgeholt, es um sich gewickelt, und mit dem Schlauch des Blasenkatheters verwirrt. Er hatte, sagte er, schon längere Zeit versucht, sich allein zu befreien, weil er mich nicht wecken wollte, aber nun keinen anderen Ausweg gesehen, als zu klopfen und mich um Hilfe zu bitten.

Fast jede Nacht und fast jeden frühen Morgen weckt er mich aus einem anderen Grund.

Manchmal kann ich danach viele Stunden nicht einschlafen, weil ich an seine Gesichter denke, an die Männer ohne Köpfe, die schweigend um sein Bett stehen, bis er mich ruft. Dann sind sie weg von ihm, aber nicht von mir, denn nun stelle ich sie mir vor, die Männer ohne Köpfe. Und sie werden immer deutlicher nach den Fernsehbildern von Folteropfern und Hinrichtungen.

Ich grübele, warum er sie wohl sieht, und kann sie nicht mehr loswerden.

Am nächsten Morgen, schon beim Frühstück, kann Derden sich seine Verwirrung dann erklären: Er hatte links und rechts verwechselt und darum rechts seine Trinkflasche gesucht statt links.

Und rechts an der Wand neben seinem Pflegebett, unten an der Fußbodenleiste, läuft das Kabel, das er statt der gesuchten Trinkflasche in sein Bett hochgezogen hat.

Lechts und rinks kann man nicht velwechsern, sagte ich. Derden erinnerte sich an unsere Jandl-Liebe. Und wir lachten. So unbeschwert.

Dann kam die Pflegeschwester. Sie spülte wie jeden Morgen die Blase, weil der Blasenkatheter verstopft war, der Urin lief daneben heraus: die Schlafanzughose, die Windel, die Bettunterlage und das Laken waren darum durchnässt. Ich zog alles ab, bezog das Bett neu, die Schwester war ruhig und freundlich, wünschte einen schönen Tag, bis morgen um acht Uhr.

Als ob das alles normal wäre.

Eigentlich müsste ich wissen, wie die Angst aussieht, verrückt zu werden: Als ich mit 33 Jahren als Psychologin in der Nervenklinik der Charité arbeitete, wurde ich eines Tages zum Klinikdirektor gebeten. Er stellte mir einen etwa fünfzigjährigen Mann vor.

Dieser Patient, sagte der Klinikdirektor, werde gegen seinen Willen in die geschlossene Abteilung eingewiesen zu seinem eigenen Schutz, er verfolge Selbstmordabsichten.

Da er aber in seiner hohen Funktion im Staatsapparat Depressionen bekommen habe, die nicht unschuldig an seinem jetzigen Zustand wären, bitte er mich, so der Klinikdirektor sehr bestimmt, dort in der geschlossenen Psychiatrie regelmäßig Gespräche mit dem Patienten zu führen.

Und nun könne ich ihn zu einem ersten Vorgespräch in mein Arbeitszimmer mitnehmen.

Wir gingen den langen Flur nebeneinander entlang. Ich war zwanzig Jahre jünger als er.

In meinem Zimmer bat ich ihn, sich zu setzen.

Und er sagte mit leiser Stimme: Bitte ersparen Sie mir die geschlossene psychiatrische Abteilung, ich komme so oft hierher, wie Sie wollen, aber in so etwas Lagerähnlichem gehe ich zugrunde. Ich will auch nicht zu Hause wohnen, ich lebe solange in meiner Datsche, die ist heizbar. Da bin ich wenigstens allein.

Wie lange meinen Sie, fragte ich ihn.

Ein Vierteljahr vielleicht, könnte ich so lange krankgeschrieben werden?

Warum sind Sie so traurig?

Sie sind so jung, da werden Sie das nicht verstehen. Ich bin in der vorigen Woche mit der Straßenbahn gefahren und hatte plötzlich das Gefühl zu träumen. Ich hätte nicht sagen können, wenn mich jemand gefragt hätte, wo ich hinwill oder wo meine Fahrkarte ist.

Es war Ihnen unheimlich?

Ja.

War es so schlimm, weil Sie Angst hatten, geisteskrank zu werden?

Er sah mich überrascht, mit Entsetzen an und senkte den Blick.

Krankschreiben kann ich Sie nicht, das darf nur ein Arzt. Und eine ambulante Behandlung ist nicht vorgesehen, dafür muss ich erst um Genehmigung bitten. Aber ich finde das auch sinnvoller, so wie Sie es vorgeschlagen haben.

Ich ging zurück zum Klinikdirektor und sagte ihm, dass ich die Behandlung nur allein und nur ambulant übernehmen und dass ich sie ablehnen würde, wenn der Patient stationär in die geschlossene Abteilung aufgenommen werden sollte.

Ist konsequent, sehe ich ein, ich bitte dann um einen Abschlussbericht, wenn Sie fertig sind, sagte der Klinikdirektor sachlich und distanziert.

Die Krankschreibung kann dann der Leiter der Poliklinik übernehmen, ist ja nur eine Formsache, fügte er abschließend hinzu.

Der Patient hielt sich trotz einer langen Anfahrt an unsere vereinbarten Gesprächs-Termine, und für ein Vierteljahr war ich sein einziger menschlicher Kontakt. In seinem beruflichen und auch in seinem privaten Umfeld wurde sein Rückzug toleriert, und er konnte seine Lebenskrise schließlich einordnen und sich verzeihen.

Aber dieser Mann war vierzig Jahre jünger als Derden jetzt. Vielleicht, so hoffe ich manchmal unvernünftig, sind das bei Derden auch alles nur Medikamentennebenwirkungen? Von zwanzig Tabletten täglich?

Da Derden die Medikamente, die ihm verschrieben werden, auch nimmt, kann er froh sein, dass er den Tag überlebt. Ich lese die langen Gebrauchsinformationen zwar, muss sie aber unbedingt vergessen, denn vom täglichen Blasenspülen mit Chlorhexidindiacetat kann er nicht nur Quaddeln im Gesicht, Schweißausbrüche und Atemnot, sondern auch blaurote Verfärbung der Haut, Blutdruckabfall, Schock und Krämpfe bekommen.

Von L-Methionin: Erbrechen, Übelkeit, Durchfall, Schläfrigkeit und Reizbarkeit.

Von Allopurinol: Fieber, Schüttelfrost, grippeähnliche Muskelschmerzen, offene schmerzende Stellen an Mund, Hals, Nase, schwere, lebensbedrohliche Hautreaktionen oder einen lebensbedrohenden allergischen Schock.

Durch Bisoprololfumarat: Eine bestehende

Herzinsuffizienz kann sich verschlechtern. Albträume, Halluzinationen, Hörstörungen und Depressionen können auftreten.

Selektive Aldosteronblocker: können ihn schwindlig, sogar bewusstlos machen und seine Brust vergrößern.

Kaliumchlorid: kann Oberbauch- und Darmbeschwerden hervorrufen.

Torasemid: kann zu Ohnmacht, Klingeln oder Brummen in den Ohren, Sehstörungen, Herzinfarkt, Müdigkeit und Schwäche führen.

Nitrofurantoin: kann zu Störungen im Zusammenspiel der Bewegungen, Augenzittern, Blasenbildung der Haut, Gelbsucht, Verwirrtheit, Depression, Euphorie und psychotischen Reaktionen führen.

Schließlich nimmt Derden noch Melperonhydrochlorid, was unwillkürliche Bewegungen von Armen und Beinen auslösen kann.

Alles das seit Jahren.

Und es hilft ihm zu leben.

Die Amsel sang wieder einmal so schön, Derden hörte sie, und ich dachte an die Ärztin, die mir kürzlich sagte, nun müssen Sie aber auch seinem Körper die Möglichkeit geben zu sterben! Hören Sie auf, ihm so hohe Dosen Kalium zu geben. Damit verlängern Sie doch sein Leben!

Was für eine Anmaßung gegenüber der Schöpfung, dachte ich.

Als ob ich Herrin darüber sein dürfte. Ein bisschen Sahnejoghurt im Schatten, eine Amsel singt, Stille. So darf ein Leben doch ausatmen.

Und als ich mit dem Argument widersprach: Das braucht doch sein Herz unbedingt, tadelte sie mich: Das sind lebensverlängernde Maßnahmen, ich dachte, Sie hätten beide eine Patientenverfügung beim Amtsgericht hinterlegt?

In der Klinik hat sie ihre liebe Mühe mit den

Angehörigen, die immer noch auf einer Operation bestehen für ihren Opa.

Er hat dann eine neue Hüfte, ist aber nach der Narkose wahrscheinlich dement, wollen Sie sich das zumuten?, fragt sie die Angehörigen.

Auch bei den Notarzteinsätzen rät sie den besorgten Angehörigen, den alten Menschen ganz ruhig zuhause sterben zu lassen, ihm nicht die vielen Untersuchungen im Krankenhaus zuzumuten.

Es wäre doch besser, wenn er für immer die Augen schließt, sagte T., ein naher Verwandter Derdens. Ich antwortete ihm: Eine ganze Welt wäre zu Ende. Denn seine ganze Welt ginge zugrunde.

Aber er interessiert sich überhaupt nicht für das, was du ihm erzählst, er versteht es nicht, hör auf, ihm alles zu erklären, beharrte er.

Einen Menschen habe er, sagt T., noch nie so lieben können wie seine Hündin. Sie ruhte nachts immer neben ihm auf dem Kopfkissen, und die Stelle hinter ihrem Ohr war der schönste Ort der Welt. Nach ihrem Tod hatte er dieses Gefühl nie mehr.

Ich lag im Wintergarten auf dem Sofa, es war schon dunkel draußen, ich las im Smartphone einen Kommentar, da rollte Derden zu mir.

Schminkst du dich?, fragte er. Ist das ein Spiegel, in den du siehst?

Ich drehte das Smartphone zu ihm und nahm die Ohrhörer ab.

Nein, ich lese.

Er gab mir seine Hand. Sie war kalt. Ich versuchte, sie zu wärmen, nahm sie unter meine Decke auf meinen warmen Bauch in meine warmen Hände.

Wie ist das, wenn man stirbt, da muss doch einer die Leiche abholen. Und dann?, fragte mich Derden.

Da gibt es Bestatter, die machen das jeden Tag, wir können ja mal fragen, wen sie hier meistens beauftragen. Und den dann herbitten.

Das ist übrig nach unseren Jahrzehnten, dachte ich: Hände, die sich aneinander wärmen. Ich gab ihm unter der Decke die Hand und drückte sie. Und er drückte meine Hand. Wie ein Versprechen. In guten und in schlechten Zeiten. Aber es sind gar keine schlechten Zeiten.

Ich bin immer bei dir, auch wenn ich tot bin. Ich werde dich immer beschützen. Und so lange wird es nicht dauern, bis du nachkommst, sagte er.

In der Ewigkeit gibt es keine Zeit mehr, oder?

Dann saßen wir noch eine Weile so. Und nichts fehlte. Und zu allem Überfluss sah ich auch noch einen hellen Stern über unserem Glasdach und zeigte auf ihn. Und wollte nicht woanders sein.

Ich war glücklich in diesem Moment mit ihm, und die Zeit dehnte sich, und ich hatte keine Angst vor dem Morgen.

Erst gestern schrie ich vor Entsetzen und Verzweiflung und Angst davor, was noch alles passieren wird in seiner Verwirrung: Er wollte aus Interesse an einem Fachbuch aus seinem Bett aufstehen und es aus dem Regal im Nachbarzimmer holen. Er wollte es allein und ohne meine Hilfe schaffen, rief mich darum nicht. Und ich richtete nebenan gerade meinen Arbeitsplatz am Laptop ein, hatte aber das Babyphone noch nicht eingeschaltet. Als er sich mühsam aufgerichtet hatte, auf der Bettkante saß, den Schwindel überwunden, beugte er sich vor, stellte die Bremsen seines gegenüberstehenden Rollstuhls fest, stützte sich auf dessen Lehnen, drehte sich und ließ sich dann auf den Sitz des Rollstuhls sinken, löste die Bremsen und fuhr los. Dabei hatte er vergessen, dass der Auffangbeutel für den Urin, der am Blasenkatheter befestigt wird, noch mit seinen Haltekrallen am Bettgestell befestigt war. Beim Losfahren riss er ihn los, die Verbindung an der Kupplung ging auseinander, in den Blasenkatheter konnten Keime eindringen, der Schlauch mit Urin vom Bettbeutel entleerte sich auf den Teppich, Derden hatte es nicht bemerkt. Er hätte den Katheter aus seiner Blase vollständig mitherausreißen können, denn das war einem der anderen Patienten passiert, erzählte mir eine der Pflegeschwestern. Sie fand diesen anderen Patienten in seinem Blut und rief gleich den Notarzt an. Ich hatte wegen des nächtlichen Schreibens nur drei Stunden geschlafen, ich konnte gar nicht aufhören, aus Verzweiflung zu jammern. Was wird noch alles kommen, dachte ich.

Derden tröstete mich, als ich alles desinfizierte und wieder zusammensteckte.

Ich war das nicht, sagte er, ich bin so schnell vom Bett weggefahren, weil die Haustür offen war und ich nach einem Einbrecher sehen wollte, weißt du. Ich möchte dir etwas Schönes schenken. Ich schenke dir alle meine Bilder.

Das sind noch 850, dachte ich, und ich will doch in eine Einzimmerwohnung, wenn ich einmal allein bin. Und wenn er allein bleibt, dann nimmt auch kein Heim 850 Ölbilder in seine Obhut.

Die Haustür war abgeschlossen, sagte ich erschöpft.

Jeder hat seine eigene Sicht, sagte er abschließend und versöhnend, für dich war sie zu und für mich offen.

Gerade hatte ich von einer Hannoveraner Pastorin einen Brief bekommen mit der Frage, wie ich alles bewältige, was mir aufgegeben ist.

Ja, aufgegeben ist. Das kann man glauben oder nicht. Ich glaube es: Gott hat zwar größere Sorgen, als einen unabsichtlich herausgerissenen Urinbeutel an einem Blasenkatheter wieder anklemmen zu lassen (durch mich, zufällig), aber wenn er mir das seit sechs Jahren täglich aufgibt, dann darf ich auch auf die Zuteilung von Kraft hoffen, in Zukunft ruhig zu bleiben, nicht so zu jammern. Wer A sagt, muss auch B sagen, so denke ich von anderen Menschen und auch von mir. Aber von Gott denke ich: Er sagt A und B. Das ist ein kindlicher Glaube, wie mir ein Pastor aus Cuxhaven als Gast in unserem Wintergarten bescheinigte. Also, ich brauche nur um Kraft zu bitten, um das Leben auszuhalten, vielleicht sogar dankbar zu genießen, dann kommt diese Kraft. Sorge nicht für den andern Morgen.

Früher, in der DDR, sagte Derden immer zu mir, denk an die hungernden Kinder in Afrika, wenn ich mit ihm einen Ausreiseantrag stellen wollte. Das meinten die Staatssicherheitsleute vermutlich mit seinem beruhigenden Einfluss auf mich.

Und als ich nun mit ihm am Tisch saß und die Wolke über uns wie ein riesengroßer Wal am Himmel schwamm wie auf einem seiner Bilder, ganz hinten am freien Feld eine Wolke am Rand sogar orange leuchtete, dachte ich, so schlimm ist es hier doch gar nicht in unserer Einsamkeit zu zweit, aber wie wird es sein, wenn ich hier allein, für immer ohne ihn, sitze und an den heutigen Tag mit diesem orangenen Wolkenrand denke, als ich ganz schutzlos spürte, wie sich meine Augen mit Tränen füllten und ich an den Literaturredakteur denken musste, der mich gerade deshalb gelobt hatte, weil ich eben nicht über Tränen schreibe: ja, da begann ich zu schluchzen und konnte das nicht unterdrücken, und ich dachte an Schwester Susi, die mir noch am Morgen beim Aufwiedersehensagen freundlich zugenickt hatte, lassen Sie das ruhig raus, weil ich da schon weinte. Und als ich meine Tränen, am Tisch mit Derden sitzend, über die Augenringe, die Wangen, seitlich an den Lippen vorbei, einfach so aus den Augen laufen ließ und sie nicht abwischte, und ich merkte, wie wundervoll besänftigend doch Tränen in den Augen sind, sagte Derden, ich möchte nicht, dass du weinst. Und er nahm seine eisig kalte Hand und umschloss meine warme, und ich legte meine andere Hand darüber. Und er sagte, mein Daumen trifft deinen kleinen Finger, wir gehören zusammen, schon immer, seit ich deine violetten Strümpfe sah. Da wusste ich, es wird für uns immer einen Ausweg geben.

Wie ist das jetzt eigentlich mit dem Gesetz zur Sterbehilfe in Deutschland?, fragte er mich. Muss man immer noch in die Schweiz fahren?

In diesem Jahr haben sich in Deutschland, glaube ich, 340 Menschen legal töten lassen, antwortete ich. Das teilten die Sterbehilfeorganisationen mit. Dann las ich ihm alles vor über aktive, passive und indirekte Sterbehilfe.

Wie viele Tage habe ich noch, fragte er mich. Steht das irgendwo geschrieben?

Das weiß nur der liebe Gott, und jetzt mache ich Kakao.

Hoyerswerda hat ein Schloss, ein christliches Gymnasium in einem Park, das hatte mich zu einer Lesung eingeladen, sogar ein Raum der Stille war vorhanden, und in der Altstadt einen Bastelladen.

In der kurzen Zeit zwischen Ankunft und Lesungsbeginn ging ich an diesem Laden vorbei, kehrte wieder um und ging hinein, nachdem ich in der Auslage vier Könige aus bemaltem Blech und vier dazugehörige bemalte Blech-Engel entdeckt hatte. Drinnen tippte ich an die Figuren. Sie standen auf stabilen Drahtbeinen und wackelten. Im Inneren hatten sie also eine Feder. Ich war die einzige Kundin, wurde nicht zurechtgewiesen und sagte, ohne nach dem Preis zu fragen, dass ich davon bitte fünf Paare kaufen möchte, und zwar für unsere vier nicht gemeinsamen Kinder sowie für meinen Mann und mich. Zu Weihnachten. Ich wollte jedem Kind, damals alle zwischen dreißig und vierzig Jahre alt, ein solches Paar schenken, für sich und den Lebenspartner, und dazu ein weiteres Paar für uns fürs Fensterbrett. Der Ladenbesitzer war ganz bestürzt und wollte sie mir eigentlich nicht verkaufen, er hatte nur diese vier Paare geordert und versuchsweise an jenem Tag ins Schaufenster gestellt, sozusagen als Test für die Hoyerswerdaer Bastelkunden, als Vorschlag, was man aus Blech und Farbe, das hatte er ja alles vorrätig, so herstellen könnte. Er sah mich belustigt, aber doch gottergeben an, denn erstens sah er meinen kaufentschlossenen Griff zum Portemonnaie, und zweitens war ihm klar, dass ich wusste, er würde mir diese Könige und Engel verkaufen müssen, er war ja kein Museum, und die Figuren waren nicht reserviert. Er packte sie mir ein, und schon beim Bezahlen ging mir auf, dass ich sie nicht verschenken, sondern behalten würde, denn welchem Kind hätte ich sein Paar vorenthalten können, ohne auf die Brüchigkeit seiner derzeitigen Liebesbeziehung hinzuweisen? Und alle verschenken wollte ich nicht, dann hätten die Wackelfiguren mit bronzener

Krone und Umhängemantel, mit Tannenbaum statt Zepter und Engelsflügeln und großem hellen Extra-Blechherz oder Vollbart vorm Bauch nicht bei uns gestanden. Schon als ich wieder auf die Straße trat, beschloss ich, zuhause den vier Kindern je ein Paar zuzuordnen, ohne es ihnen zu sagen. Nun stehen die vier wackelnden rührenden Paare, die ich immer origineller finde, harmlos beim Adventskaffee auf dem Tisch hinter dem Adventskranz, wenn die Kinder uns besuchen. Und nur bei einem Engel hat der zuständige König nicht gewechselt. Seit vierzig Jahren ist er der zuständige König geblieben.

Ein anderer Engel ist von seinem damaligen König aus der Idylle in die Stadt gezogen, aber der neue König durfte nicht mehr in dieser Wohnung wohnen, er muss immer wieder zurück in sein eigenes Reich. Und der nächste König hat seinen damaligen Engel verlassen und liebt seit zwei Jahrzehnten einen neuen und lebt mit ihm zusammen. Der vierte König lebt noch bei seiner Königsmutter und hat viele verschiedene Engel beim Adventskaffee.

Alle sind ein Teil von Derden und mir, wenn

sie auch andere Mütter und andere Väter haben. Wie schön, dass der erschrockene Bastelladenbesitzer in Hoyerswerda nur vier Könige und vier Engel hatte. So bleiben wir immer auf dem Laufenden.

Am ersten Weihnachtsfeiertag hörten wir das Weihnachtsoratorium im Radio. *Tröstet uns und macht uns frei*, alles voll Kerzen und mit Räucherstäbchen, ich musste so sehr weinen, weil ich dachte, dass es unser letztes Weihnachten ist.

Wo bin ich hier?, sagte Derden.

In Meteln.

Wann stirbt man hier?

Hier wird man 99. Tante Martha, Frau Tredup.

Dann kann ich ja noch drei Jahre leben.

An diesem Tag, wir waren beide allein, sah ich um 16 Uhr, wie Derden aus seinem Rollstuhl mühsam aufstand mit wackeligen Beinen, sich an der Lehne des Sofas im Wintergarten, gebeugt, Schritt für Schritt vorwärts schleppte, sich am Türrahmen festhielt, dann zum Fensterbrett wechselte und von dort zur Sessellehne, sich neben mich ins Wohnzimmer setzte, wo der kleine künstliche Weihnachtsbaum voller Engel, aus Papier oder Keramik, stand.

Er sagte: Ich habe Gift genommen, ich werde jetzt sterben.

Ich fragte, wann und was er genommen habe und wieviel.

Ich hatte ihn vorher mit dem Rollstuhl durchs Dorf geschoben.

Davor oder danach?

Zwei Tabletten. Er habe sie versteckt gehabt.

Dann rufe ich jetzt den Notarzt an. Er wird dir den Magen auspumpen.

Sag ihm, dass ich Gift genommen habe.

Es ist so wie mit deinem Bruder, nicht? Als du nach der Kriegsgefangenschaft zu ihm, seiner Frau und seinen drei kleinen Kindern kamst, nahm er doch auch vor Euern Augen eine Gifttablette nach der andern – und du holtest den Rettungsarzt.

Ja, ich erinnere mich an das Geräusch vom Erbrechen am Ausguss, als er den Magen ausgepumpt bekam. Ich erinnere mich, sagte Derden.

Vorher hattet ihr in einer okkulten Sitzung Buchstaben zu einem Satz zusammengefügt: Gäbe in Berlin ein Gift, du aber gehst lieber.

Richtig! Woran du dich erinnerst!

Bitte sag mir, was du genommen hast. Ich bin deine Frau. Wenn ich jetzt keinen Notarzt hole, dann ist das unterlassene Hilfeleistung. Ich bin fürsorgepflichtig. Die Kriminalpolizei wird mich verhören: Warum haben Sie die Tabletten nicht ordentlich weggeschlossen? Vielleicht wollten Sie ihn überhaupt vergiften? Wie sieht denn Ihr Testament aus?

Ich machte uns Abendbrot an diesem ersten Weihnachtsfeiertag. Zündete eine Kerze an, füllte die Duftlampe und fragte Derden, ob ihm schlecht sei, ob er inzwischen verschwommen sehe. Er schwieg.

Und als ich ihn für die Nacht umgezogen hatte, an seinem Bettrand saß, seine Hand streichelte und ihm einen Kuss gab, sagte er:

Vielleicht hab ich gar nichts genommen. Ich hab ja auch gar nichts.

Jedes Jahr brütet eine Amsel schrägoben hinter mir über dem Fenster meines Arbeitszimmers. Einmal wachte ich von einem dumpfen Laut auf, da lag sie mit ihrem lackglänzenden Gefieder wie tot, ich blieb neben ihr stehen, damit die Katze sie nicht entdeckte, berührte sie zärtlich mit einem kleinen Zweig, sie sah mich an, konnte sich aber nicht bewegen, als sie sich dann aufrichtete, stand, wegflog, umarmten wir uns, Derden und ich, eine Auferstehung.

Die Amsel dieses Jahres sitzt auf einem abgesägten Kirschbaum über der Brombeerhecke mir gegenüber und betrachtet die Nische zwischen Fensterrahmen und Dachüberstand. Der Wind plustert ihre Federn; hier ist sie vor Katze, Raubvogel, Regen und Wind geschützt, aber wie sieht es mit mir aus? Ein Mensch, der stundenlang an der gleichen Stelle sitzt und schreibt und schwarze Vogelschablonen an die Wintergartenfenster klebt? Weg fliegt sie. Hinten im Garten auf dem höchsten Baum weit und breit sitzt eine Elster, seit Jahren nistet sie ganz oben, im Sturm.

Die Amsel ist schon wieder da.

Vielleicht wird sie es wagen.

In den letzten fünf Jahren dachte ich jedes Mal bei nächtlichen Verwirrungen: Das ist singulär, wird sich nicht wiederholen. Wenn er einen Albtraum hatte, laut aus dem Nachbarzimmer stöhnte, ich zu ihm lief und vergeblich versuchte, ihn zu wecken, eine dreiviertel Stunde vergeblich, und es nicht wagte, ihm etwas zum Trinken zu geben – ich fürchtete, er könnte ersticken, noch so halb im Schlaf, dachte ich auch, vielleicht ist das eine besonders wichtige Traumphase, vielleicht braucht er sie, um etwas zu verarbeiten?

Früher erschien ihm in Albträumen seine Mutter, die er mit siebzehn zum letzten Mal sah, dann nämlich wurde er Soldat im Zweiten Weltkrieg, und seine Mutter starb auf der Flucht. Im Traum flog sie auf dem Dachboden waagerecht auf ihn zu. Später träumte er von dem belgischen Bergwerk, in dem er als siebzehnjähriger deutscher

Kriegsgefangener wirklich gewesen war. Anfangs bemerkte ich den Beginn seiner Albträume schon beim ersten jammervollen Stöhnen und konnte ihn wecken, beruhigen, er war erleichtert, aber in den letzten Jahren blieb er oft lange gefangen in einer beängstigenden, für mich fremden Welt. Er antwortete echohaft. Ich stand vor einer Eisentür, die er nicht öffnen konnte.

In einer Nacht stand ich wie immer alle zwei Stunden auf. Ich sah, dass das Samtkissen an der Wand fehlte. Oft hatte er im Traum gegen diese Zwischenwand geschlagen, sodass ich wach wurde. Darum war ich auf die Idee mit diesem voluminösen Kissen gekommen. Als Puffer. Nun fand ich ihn eingeschmiegt zwischen dem Kissen, der Nachttischlampe und der Flasche Lieblingslimonade, die er sich vom Nachttisch ins Bett gelegt hatte. Er hatte den samtigen Kissenbezug abgezogen, er lag auf dem Inlett, ich bezog es wieder und legte es an die Wand. Er wachte nicht auf. Manchmal hatte er Albträume, die Augen dabei offen. Ich hielt ihm Saft hin, wagte aber nicht, ihm ein gefülltes Glas zum Trinken zu geben, weil ich fürchtete, er könnte sich verschlucken.

Wann war er wirklich wach? Er sah mich doch an. Sprach aber mit Zweiwortsätzen.

Ein Bekannter riet mir, Derden mit einem nassen, kalten Waschlappen zu wecken. Das mache er bei seiner Frau auch. Sie stand auf der Straße daneben, und ich beschloss, den Rat nicht zu befolgen.

Eines Tages, kurz vor fünf, erklärte ich Derden, dass ich mich im Nachbarzimmer an meinem Laptop in eine Versammlung im Internet einwählen und dort für etwa zwei Stunden sitzen würde. Und dass ich Kopfhörer aufsetzen müsse. Ich zeigte sie ihm.

Gegen 19:20 Uhr nahm ich die Kopfhörer ab und schaltete den Laptop aus, weil die Zoom-Versammlung des PEN beendet war. Sie hatte zwei Stunden und zwanzig Minuten gedauert, in denen ich nur einmal aufgestanden war, weil das Telefon klingelte. Einen zweiten Hörer hatte ich vorher an Derdens Bett gelegt und ihm noch einmal erklärt, wie er das Telefongespräch annehmen müsste: Symbol des grünen Telefonhörers drücken und nach Beendigung das Symbol des roten Telefonhörers.

Das Festnetz-Telefon klingelte um 18 Uhr,

auch an meinem Arbeitsplatz, und weil es nicht aufhörte, nahm ich ab, unterbrach die Zoom-Versammlung und brachte den Hörer zu Derden ans Bett.

Er hatte nämlich nicht mehr gewusst, was er mit dem klingelnden Telefonhörer auf seinem Nachttisch anfangen sollte. Ich sagte ihm, wer ihn sprechen wollte, gab ihm meinen Hörer und ging zum Laptop zurück, an meinen Arbeitsplatz nur drei Meter von seinem Kopfende entfernt, ins Nachbarzimmer, eine Glastür zwischen uns.

Die Tür lehnte ich an, setzte das Headset wieder auf und nahm weiter an der Versammlung am Bildschirm teil. Nach deren Ende wollte ich Derden aus dem Bett in den Rollstuhl helfen und zum Abendbrottisch schieben, aber das Bett war leer. Ich vermutete ihn auf der Toilette oder an seinem Lieblingsplatz im Wintergarten bei offenen Türen, ich rief ihn, aber er antwortete nicht. Die Haustür war offen, ich ging hinaus in den Garten hinter dem Haus und rief ihn auch dort vergebens. Dann lief ich zurück und hörte ihn ganz leise um Hilfe rufen, er lag auf der Straße, war mit dem Rollstuhl umgekippt, er hatte nicht gewusst, wie er auf der schrägen Ebene zum Gartentor hin bremsen sollte, lag mit dem Kopf neben dem Findling. In unserer Einsamkeit hörte ihn niemand.

Er hatte mich am Ende der Straße vermutet, hatte vergessen, dass ich direkt neben ihm am Laptop saß und wegen der Kopfhörer seine Rufe nicht hören konnte. Er wollte zu mir, nahm an, dass die Versammlung am Ende unseres Weges stattfand. Von so einer Lage auf dem Fußboden hatte ich ihn schon einmal vor fünf Jahren zum Sitzen in den Rollstuhl bringen können, da war er vor dem Kamin zusammengebrochen und sagte zu mir: Ich bin der Kommandeur, du bist die Kommandeuse. Weil ich so energische Anweisungen gab: Auf die Seite rollen, jetzt auf die Knie (tut zu weh, sagte Derden), versuch, dich auf einen Fuß zu stellen, am Rollstuhl festhalten. Ich halte dich, nun auf den zweiten Fuß, drehen, ich halte dich, und nun setzen.

Ich hob die Sandalen auf, klopfte die Blätter von Derden ab und schob ihn ins Haus. Ich hab dich am Ende der Straße gesehen. Ich wollte zu dir, sagte er. Ich dachte ja, dass du am Ende der Straße bist. Du hast alles hinbekommen, ich danke dir. Du hast mir wieder geholfen. Der Mensch denkt, und Gott sternt.

Gott lenkt, meinst du?

Nein, er sternt, er sterbst.

Wir lachten erleichtert.

Zwei Autos sind vorbeigefahren und haben nicht angehalten, um mir zu helfen, sagte Derden.

Die haben den alten, hilflosen Mann neben dem umgekippten Rollstuhl nicht bemerkt. Oder es gab die Autos gar nicht, dachte ich.

Bei der letzten angekündigten Amnestie in Mecklenburg-Vorpommern für die Besitzer von Schusswaffen, die keinen Waffenschein haben, bat ich Derden um sein Einverständnis, dass ich endlich mit seiner Pistole, es war eine täuschend echte Schreckschusswaffe, und einer Blechbüchse voll Munition in unser zuständiges Bürgeramt gehen konnte.

Ich wartete, bis ich aufgerufen wurde, und legte dann die Waffe samt Blechbüchse auf den Tresen. Die Behördenangestellte erschrak, fasste die Pistole mit einem Taschentuch an und legte sie in den Tresor. Dann rief sie die Polizei in der nächsten Kreisstadt an. So lange musste ich im Raum warten. Ein Polizist und seine Vorgesetzte nahmen für den Staatsanwalt ein Protokoll auf, bewunderten die schöne Waffe, sieht sehr echt aus, sagten sie, behielten sie ein und glaubten mir.

Anfangs zählten sie die Kugeln noch, die in der Blechbüchse waren, dann, nach hundert, sagte die Polizistin, ach, wir schreiben, circa hundert Kugeln enthalten.

Ich war dabei, als er die Waffe kaufte und auch, als er damit hinten im Garten vor dem Feld in die Bäume schoss. Aber danach fragten sie nicht. Sie entließen mich und kündigten an, dass uns der Staatsanwalt einen Brief schreiben werde und wir sicher unter die Amnestie fallen würden.

In unserem Dorf gab es einen Mann, der viele Waffen hatte, gegen Einbrecher sogar eine Waffe unter dem Bett, und für alle Pistolen und Gewehre auch einen Waffenschein besaß und Derden einmal stolz diese Waffen zeigte.

Er sagte, dass er sich nicht erhängen werde, wenn es einmal sein müsse, wie andere in unserem Dorf oder in der Nähe. Das ginge doch einfacher. Er würde sich erschießen. Und das hat er auch getan, als er die Krebsdiagnose erhielt.

Vorige Woche hatte ich Kontakt mit Kriminellen: Das Telefon klingelte, auf dem Display: Nummer unterdrückt. Darum sagte ich nur Hallo. Eine ältere Männerstimme: Hier ist dein Enkel.

Ich sagte lachend: Ach, ein Enkeltrick.

Er: Ich bin Jonas.

Ich: Wie heißen Sie?

Er: Jonas Meier.

Ich: Kenne ich nicht.

Er: Sind Sie nicht Helga Schmidt?

Ich: Nein, aber ich rufe die Polizei an.

Er: Ach, lutsch dir einen.

Und legte auf.

Der Polizist, den ich anrief, sagte, dass ich um 14:25 Uhr die Zehnte sei und dass er Kollegen vorbeischicke.

Die kamen Stunden später im Dunkeln, alles blinkte.

Inzwischen waren 28 Anzeigen erfolgt. Es handelt sich um eine Bande mit Schockanrufen, sagte ein Polizist. Mittags, wohl nach dem erfolglosen Anruf bei mir, hatten die Betrüger die Taktik geändert:

Dabei weinte ein kleines Mädchen herzzerreißend: Meine Mami ist totgefahren. Dann meldete sich eine angebliche Polizeikommissarin, die Sohn oder Tochter oder Enkel der Angerufenen als Täter in Gewahrsam habe und gegen Kaution freilassen würde ...

So erbeuten sie 20.000 bis 30.000 Euro. In bar.

Dass jemand lacht und sagt: Ach, ein Enkeltrick, hatten die Polizisten noch nicht gehabt.

Ein paar Tage vorher hatte es auch schon mit unterdrückter Nummer geklingelt. Eine Frau rief mit kläglicher Stimme »Mama«. Ich sagte, ach, schon wieder ein Enkeltrick. Denn sie hatten in der Zeitung und in Fernsehsendungen davor gewarnt.

Da drohte die Frau: Ich komme jetzt und hänge dich auf.

Stehen Sie etwa noch im Telefonbuch?, fragte mich der andere Polizist.

Es war der 18. Februar.
Derden begrüßte mich morgens mit »Frohe Weihnachten.«

Ich sagte, heute ist der 18. Februar.

Er fragte, wann die Kinder kommen, was wir ihnen schenken, wo der Weihnachtsbaum stehen soll, wann wir ihn schmücken, was wir essen werden.

Ich sagte, heute ist wirklich der 18. Februar. Weihnachten ist schon vorbei.

Er lächelte mich traurig an. Beim Frühstück fragte er wieder, wann kommen denn nun die Kinder? Haben sie schon angerufen?

Ich schüttelte den Kopf, wollte ihn nicht enttäuschen.

Er schwieg an diesem Vormittag und saß mit gesenktem Blick vor der Tür des Wintergartens und sah nicht hinaus wie sonst.

Beim Mittagessen sagte Derden plötzlich gereizt, ich weiß gar nicht, warum ihr das alle nicht wahrhaben wollt, dass heute Heiligabend ist. Ich verstehe es nicht, wollt ihr denn nicht Heiligabend feiern?

Hör auf, bat ich ihn, wohl zu energisch.

Seine Augen wurden noch dunkler, und er sah mich unverwandt ohne Wimpernschlag an.

Wir schwiegen, bestimmt zwei Stunden.

Unruhig fuhr er in seinem Rollstuhl von Zimmer zu Zimmer.

Ich versuchte zu lesen. Zum Schreiben war ich zu weit außerhalb von mir.

Das Telefon klingelte: eine Pastorin aus Hannover, die einen Gottesdienst mit Geschichten von mir vorbereitete und noch Fragen hatte.

Zum Schluss erkundigte sie sich, ob ich eigene Erfahrungen in der Pflege hätte, weil ich das doch in einer der Geschichten berührte, die sie und ihre Kolleginnen in der Kirche lesen wollten.

Ich bejahte und erzählte, dass heute nicht der 18. Februar sei, sondern Heiligabend, wenn es nach meinem Mann ginge, dass wir dagegen am wirklichen vergangenen Ersten Weihnachtstag mit seinem angedeuteten angeblichen Gifteinnehmen beschäftigt waren, genau genommen mit seinem ausgedachten Selbstmord.

Dann feiern Sie doch Weihnachten, riet sie mir lebhaft, er will mit Ihnen heute Weihnachten feiern. Zünden Sie eine Kerze an. Das ist die Heilige Zone, in die er Sie einlädt.

Davon hatte ja schon die junge Biologin erzählt, erinnerte ich mich.

Die Heilige Zone in der Todesnähe, sagte die Pastorin nun, dauert fünf Minuten bis fünf Jahre; sie lässt die Menschen hellsichtig werden. Man dürfe deren Vertrauen also nicht enttäuschen. Sie versuchen, heißt es, nur wenige Male, andere Menschen in die Heilige Zone einzuladen, dorthin zu ihnen zu kommen, und wenn die Angesprochenen nichts davon wissen wollen, schweigen sie, um nicht verletzt zu werden. Diese Menschen sind nicht geisteskrank, aber für viele unheimlich. Und Sie können lernen zu validieren, nicht zu korrigieren oder zu belehren, nicht zu widersprechen. Sie dürfen in diese Welt hineinschwingen. Sie kommen ja wieder heraus. Sie brauchen keine Angst zu haben. Es ist eine unbekannte Welt, die sich für Sie öffnet. Und der andere bleibt nicht so allein. Zünden Sie eine Duftkerze an, decken Sie den Tisch und sagen Sie zu ihm: Komm, wir feiern Weihnachten.

Wie wird es weitergehen, dachte ich. Soll ich wirklich aufhören, Derden mit meiner Realität zu kommen? Mit meinem 18. Februar? Wäre es dann nicht sonst ein Windmühlenkampf? Mein Leben lang habe ich versucht, andere Menschen von meinen Ansichten zu überzeugen, eigentlich von meiner Welt. Ich habe auf meiner Sicht sogar bestanden. Du sollst dir kein Bild machen, ja, aber das betrifft doch nur das Bild von Gott?

Einen sinnlosen, aussichtslosen Kampf gegen einen (in Klammern) eingebildeten Gegner zu führen, steht im Wörterbuch bei »Kampf gegen Windmühlen«. Geht zurück auf die Romangestalt Don Quijote von Cervantes (geschrieben von 1605 bis 1615), der als Ritter gegen Windmühlen kämpft, die er für Riesen hält. Siehe auch »Ritter von der traurigen Gestalt.«

Ein Ritter ist Don Quijote ja wirklich, und er will Abenteuer erleben. Er lebt in einer eigenen Welt und schafft sich seine Feinde selbst. Er ist unterwegs mit seinem Diener Sancho Pansa, der ganz normal ist.

Der Ritter Don Quijote will einem verehrten Fräulein imponieren, das Dulcinea heißt, er denkt, dass er das am besten mit einem siegreichen Kampf erreicht, und diesen Kampf will er mit einem oder, noch besser, mehreren Rittern bestreiten; als er dann die Windmühlen sieht, hält er sie für solche Ritter und will mit ihnen kämpfen. Da wird es irreal. Und der Dichter Cervantes geht damit in die Weltliteratur ein.

Auch ich bin dieser Ritter von der traurigen Gestalt. Ich bin der treue Untergebene Sancho Pansa, ich bin die Windmühle, die die Kämpfe der anderen gegen mich entweder nicht bemerkt oder nicht versteht. Ich bin Dulcinea, die beeindruckt werden soll und der das ganz gleichgültig ist.

Ich war in meinem Leben schon öfter eine Ritterin von der traurigen Gestalt, wollte einem geliebten oder verehrten Menschen imponieren mit einem guten Mittagessen, einem Doktortitel, einem geplätteten Bettbezug, einem Ring, einer neuen Frisur, einem Haus. Ich hatte Windmühlen vor mir, die ich für Ritter hielt, die ich bekämpfen musste. Ich musste ja siegen. Und dass es eine Windmühle war, sah nur der Sancho Pansa in mir, der nichts zu sagen hatte oder sich nicht traute. Und wenn er mir doch etwas von der Windmühle erzählte, mit der ich ganz sinnlos kämpfte? Dann hörte ich nicht hin oder befahl ihm zu schweigen. Denn ich wollte in den Kampf ziehen, bis zum Sieg,– und wenn ich auch wieder und wieder nicht siegte, hatte ich doch mit Rittern gekämpft und nicht mit Windmühlen, wie ich glaubte. Ich ließ mir meine gegnerischen Ritter nicht ausreden. Schon gar nicht von einem illusionslosen Sancho Pansa, der mir etwas vom angeblich wirklichen Leben erzählte, von wirklichen Windmühlen, riesigen, von wechselnden unberechenbaren Winden angetriebenen, die uns Strom bringen oder das Mehl mahlen, unbeeindruckt von meinem Kampf. Sancho Pansa entließ ich nicht, denn wer hätte mich sonst begleiten sollen in meinem sinnlosen Kampf? Aber wenn er nun recht gehabt hätte, und es waren wirklich nur Windmühlen?

Also nicht kämpfen, einfach damit aufhören? Eine schwere Krankheit annehmen, die Einsicht, eine Lebenssituation oder einen Menschen nicht ändern zu können: dies alles einfach annehmen?

Das Gebet des Franz von Assisi lautet doch:

Herr, gib mir die Kraft, die Dinge zu ändern, die ich ändern kann, die Gelassenheit, das Unabänderliche zu ertragen und die Weisheit, zwischen diesen beiden Dingen die rechte Unterscheidung zu treffen.

Oder mit meinen Worten: Gib mir die Kraft, Windmühlen zu erkennen, und die Demut, auf Sancho Pansa zu hören.

Also, heute wieder Weihnachten? Und ich hatte schon gedacht, es endlich überstanden zu haben: Am 26. Januar war das, einem Sonnabendvormittag. Eigentlich wollte ich die Zeitungen der Woche lesen, die sich während meiner Grippe angesammelt hatten. Ich sah nach draußen: Ein wenig Sonne kämpfte sich durch den diesigen Garten, die Eiche hatte in der Krone noch einen kleinen Zweig mit Blättern, auf dem Boden Raureif und Reste von harschem Schnee. Eine Amsel rannte allein mit vorgestrecktem Hals, ihre Gefährtin oder ihren Gefährten hatten wir draußen vorm Fenster weggetragen.

Ich sah mich im Wintergarten um. Holzsterne, Engel, Schokoladenglöckchen, Sterngirlanden und Samtkugeln hingen an den Pflanzen und vor den Fenstern. Vor allem die Nadelbaumzweige in der großen weißen Keramikvase auf dem Esszimmertisch, ebenfalls behängt mit Holzsternen, Engeln, Schokoladenglöckchen, Sterngirlanden und Samtkugeln, erfüllten mich plötzlich mit einer unüberwindlichen Sättigung, einer solchen Sättigung, dass ich auch das Cajeput-Öl in der Duftlampe, soweit es in meine Nase überhaupt drang, nicht mehr ertrug.

Der zusammengesetzte starre weiße Stern mit der Leucht-Birne im Inneren, der orangene auseinandergefaltete Papierstern, der Holzstern über mir, der am Querbalken hing, der Mini-Adventskranz am Fensterkreuz zum Wohnzimmer und vor allem die schon erwähnten Nadelbaumzweige, von irgendeiner edlen Tanne, die einfach nicht nadelte, schon seit einer Woche vor Weihnachten nicht nadelte, also seit knapp sechs Wochen.

Dies alles zog mich zurück aus dem beginnenden Jahr, zurück in diese bedeutungsschwangeren drei Tage der Weihnacht. Was war nur in mich gefahren, dass ich rote Filzengel in das Dickblattgewächs hängte, Strohsterne in die Geranien, die tatsächlich auch noch anfingen zu blühen, als ob sie angesteckt würden, plötzlich die Idee bekamen zu blühen, genau wie der menschengroße Baum im Riesentontopf, manche nennen ihn Pfennigbaum, uns mit weißen Blüten überraschte, über und über, das hatte er noch nie getan.

Und noch am 26. Januar war ich umgeben von dieser Weihnachtswelt und musste mich befreien, mich mit aller Kraft auf das wirkliche Sonnenlicht vor dem Fenster konzentrieren, das auf eine getrocknete Hagebutte fiel: Sie hatte noch einen Rest dunkelbraunes Rot in dieses neue Jahr gerettet. Spatzen und, in respektvollem Abstand, Meisen saßen um das vom Korn geleerte Vogelhaus herum.

Ich sollte lieber selbst hinausgehen, die kalte Luft auf den Augenlidern spüren, sie einatmen.

Dann hängte ich alles ab. Brachte die Vase mit den Nadelzweigen hinaus, goss ihr Wasser auf die Erika, bedeckte mit den Zweigen die Blumenzwiebeln unter der Erde, war wie befreit, holte die Blechbüchse für die Kugeln, die Blechbüchse für die ausgesägte Krippe, die Blechbüchse für die Engel, unten die Filzengel und darüber vorsichtig die zarten gefalteten Engel aus Notenpapier, die Blechbüchse für die Holzfiguren, den Weihnachtsmann auf Skiern, erst seit drei Wochen in unserem Haushalt.

Es war wie ein befreites Aussteigen aus einem Zug. Ich schloss die Deckel, meine Zugtüren, und der Zug fuhr weiter bis zum nächsten 24. Dezember.

Und wenn ich nicht gestorben bin, steige ich dann wieder ein, um 15 Uhr.

Aber dazwischen wird Frühling sein, Sommer, Herbst und beginnender Winter. Fast ein ganzes Jahr.

Im Nachbarraum entstand ein neues Bild, Derden malte. Ein Blick aus dem Fenster auf winterliche Bäume, ein Fensterkreuz teilte das Bild in zwei Teile.

Ich stellte den Weihnachtsstern aus dem Wintergarten mit seinen üppig roten Blättern neben Derden, neben seine Staffelei.

So als Idee.

Denn wenn der Weihnachtsstern auf dem Bild innen auf dem Fensterbrett stünde, könnte er die beiden Bildhälften verbinden, die rechte und die linke Seite, den linken und den rechten unbelaubten Winterbaum. Es wäre eine Wärme von innen, eine Farbe im kalten Grauweiß, schlug ich ihm vor. Blühende Bäume würden da direkt stören.

Aber zurück zum Anfang: 1971, 14 Jahre nach dem Uni-Aufnahmegespräch, mit 44 Jahren, malte Derden sein erstes Ölbild und schenkte es mir, und ich brachte meine ersten Geschichten zu Sarah Kirsch. Wiederum neun Jahre später, 1980, er war nun 53 Jahre alt, veröffentlichte er das Buch *Malgründe* mit eigenen Bildern und Geschichten über das Malen.

Damals hatten wir schon seit fünf Jahren unser altes rohrgedecktes Haus zwischen Wismar und Schwerin, waren wir seit vier Jahren miteinander verheiratet und wohnten noch überwiegend in Berlin, denn Derden war inzwischen ordentlicher Professor für klinische Psychologie an der Humboldt-Universität Berlin geworden. Für den Buchumschlag der *Malgründe* wünschte sich die Verlagslektorin einen Satz von mir, und ich ging ins Nachbarzimmer und schrieb Folgendes:

Wenn ein erwachsener Mann, mit siebzehn Jahren Soldat, bis zwanzig Kriegsgefangener, dann ABF- und Psychologie-Student, Assistent an der Uni, Dozent für psychologische Therapie, drei große Kinder, den sogenannten Platz im Leben gefunden haben könnte, den gewundenen Weg hinter sich, den geraden vor sich, wenn dieser Mann also mit vierundvierzig Jahren zu Weihnachten seiner Freundin sein erstes kleines Ölbild malt, ein Nachtbild, einen Park am Fluss, eine einsame Spaziergängerin, fast nicht von dieser Welt, im Fluss ein Kahn mit Leuten und Lampions, wenn er es malt mit den fast vertrockneten Farben aus den Tuben eines bewunderten alten Malers, der noch nicht lange tot ist, und wenn er nach diesem Bild weitermalt, nun mit eigenen Farben, nicht mehr auf Pappe, sondern auf Leinwand, auf Holz, wenn er abends und am Sonntag und im Urlaub an seinen Tisch geht, seine Brille aufsetzt, Terpentin in eine kleine Porzellanschüssel gießt, der Malgeruch sich im Zimmer verbreitet, wenn er seine Kindheitslandschaft malt, ruhige Bilder, zwischen seinen Vorlesungen und den Nachrichten von Plänen und Staatsbesuchen und Unglücksfällen, wenn er immer wieder zu malen aufhört und als richtig erwachsener Mann arbeitet, dann wieder leise malt, wenn er, inzwischen fünfzig, auch anfängt zu schreiben, ebenso stille nachdenkliche Geschichten über seine Malgründe, dann entsteht ein Buch, das uns Hoffnung macht: Eigentlich könnte jeder von uns täglich neu anfangen.

Was war in den Jahren seit diesem Satz mit Derden geschehen? 1986 hatte er auf dringenden ärztlichen Rat seine Arbeit an der Universität beendet. Seitdem musste er sich schonen, oft ausruhen, er mied Aufregungen, Reisen, viele Menschen, aber er lebte sein Leben zum ersten Mal ganz wie und wo er wollte, probierte alles aus, was er seit seiner Kindheit schon immer vorhatte, und baute sich im Garten eine Sternwarte, deren Dach man aufklappen konnte. Von dort sah er mit einem Spiegelteleskop in die Sterne. Er übte auch täglich auf einem kleinen elektrischen Klavier, bis er bei dem Klavierbauer aus unserem Hauptdorf ein richtiges, altes Klavier erwarb. Wir kannten es schon aus dessen Werkstatt, wo er es seit Monaten wieder aufbaute; die Filzklöppel waren noch nicht auseinandergeschnitten.

Derden freundete sich mit diesem Klavier an. Ein Klavier ist wie ein Bild, sagte er. Er schrieb auch Gedichte, ein Buch mit Bildern und Texten entstand. Das Machen war ihm am wichtigsten, dann waren sie in der Welt: das Bild, das Gedicht, die Geschichte.

Er malte und malte, ließ sich große Rahmen beim Tischler machen, denn Derden war in die Formate gegangen: Die Enge war weg, die ich in unser Leben gebracht hatte, bis November 89 redete ich ununterbrochen von der Enge hier. Er dagegen hatte diese nördliche Landschaft immer weit und wunderbar gefunden, hatte die Weite auch in sich selbst, mit großem Abstand zu andern Menschen, während ich die Weite bei uns bis zum Herbst 89 bloß vorgetäuscht fand und glaubte, wie unter einer erstickenden Glasglocke zu leben.

Ihm ist es zu verdanken, dass wir noch hier sind.

Nun sehe ich seine Bilder und erkenne – oder projiziere es vielleicht auch hinein – den märchenhaften Ton, die Heiterkeit, die von Anfang an da waren, die ich in den ersten Jahren aber so beschwerte. Nun, wo die Glasglocke weg ist, das ganz normale Chaos über uns alle hereingebrochen, jetzt sind die Bilder in meinen Augen Huldigungen an das, was eben auch immer da war und da ist: eine Huldigung, das alte, altmodische Wort Huldigung ist hier am Platze, eine Huldigung an die Schönheit der Natur, eine große Dankbarkeit, eine Beschwörung, ganz ohne Anklage, eine Huldigung an die Schöpfung, ich weiß, was ich damit sage.

Das Telefon klingelte: Ich werde bald achtzig, sagte die Dame am Telefon und nannte ihren Namen. Ich bin Fahrradfahrerin, darum kann ich nicht zu Ihrer Ausstellung kommen, es ist zu weit zu Ihnen.

Ich fragte sie nach dem Namen ihrer Stadt. Sie nannte den Namen der Stadt.

Ach, da kenne ich die Mutter des Pastors, der mit seiner Familie jetzt weggezogen ist, beruflich, sagte ich. (Es war Magdalena.) Sie war gerade erst zu ihrem Sohn gezogen, und es gefällt ihr nun so gut in Ihrer Stadt, dass sie nicht mitgezogen ist, ergänzte ich.

Ich bin Tierschützerin, ich liebe Raben, wo kann ich das Gedicht-Buch über die Raben bekommen, von dem in Ihrer Ausstellungs-Einladung die Rede ist, fragte sie: *Seh ich Raben, ruf ich Brüder.*

In der Buchhandlung hatte sie es nämlich nicht gefunden.

Es ist vergriffen, und man kann es nur noch als E-Book lesen, antwortete ich ihr, aber ich habe noch ein paar gedruckte Exemplare hier. Raben haben ja sonst in der Dichtung einen schlechten Ruf, das sind dann nicht Brüder, sondern Todesboten. Wir haben gerade so ein österreichisches Reiterlied gefunden und uns gegruselt, kennen Sie das, es muss aus dem 19. Jahrhundert stammen:

Drüben am Wiesenrand
hocken zwei Dohlen,
fall ich am Donaustrand,
sterb ich in Polen
Was liegt daran
ehe sie meine Seele holen
kämpf ich als Reitersmann

Die zweite Strophe hat noch mehr Pathos:

Drüben am Ackerrain
schreien zwei Raben
werd ich der erste sein

den sie begraben
Was ist dabei?
Viel hunderttausend traben
in Österreichs Reiterei

Aber die Krönung ist die dritte Strophe:

Drüben im Abendrot
fliegen zwei Krähen
wann kommt der Schnitter Tod
um uns zu mähen?
Es ist nicht schad
seh ich nur unsere Fahnen wehen
auf Belgerad

Nein, dies Lautenlied kannte sie nicht, aber vor drei Tagen, erzählte sie, hatte sie ihren Hund einschläfern lassen: Ich habe ihn in meinem Garten begraben, es war mein letzter Hund, denn ich bin schon so alt, und ich will nicht, dass mich der nächste Hund überlebt und vielleicht in schlechte Hände kommt, ich habe sie ja alle aus dem Tierheim geholt. Es war mein sechster Hund. Vorhin habe ich beim Amt angerufen, ob mein Garten im Trinkwassereinzugsbereich liegt, denn dann hätte ich ihn nicht im Garten begraben wie die fünf Hunde vorher.

Ja, so ein Tier ist wie ein Familienmitglied, traurig, wenn man es verliert, antwortete ich ihr.

Wann sehen Sie denn Ihre Bekannte wieder, fragte sie mich. Sie könnten ihr das Buch ja mitgeben, und ich hole es dann von ihr ab.

In sechs Wochen.

So lange noch?

Ich kann es Ihnen auch schicken, und wenn es Ihnen nicht gefällt, senden Sie es mir zurück, schlug ich vor.

Nein, nein, ich hole es mir bei Ihrer Bekannten ab, dann lerne ich sie gleich persönlich kennen, ich kenne sie nämlich nur vom Namen her. Sie spielt in der Kirche doch die Orgel, nicht? – Stimmt es, dass Raben auf den Feldern abgeschossen werden dürfen?, fragte sie plötzlich.

Das weiß ich nicht, antwortete ich. Aber ich werde meinen Sohn fragen, der ist Förster.

Sie sei bei den Grünen Damen, sie müsse jetzt aus dem Haus, sagte sie.

Am nächsten Tag klingelte das Telefon wieder. Sie war am Apparat und erzählte mir, dass sie gleich noch bei der Organistin gewesen war und sie gebeten hatte, ihr das Buch beim nächsten Treffen mitzubringen. Sie will es auch nicht geschenkt haben.

Und vielleicht komme sie doch einmal mit Bahn und Fahrrad hierher.

Bis Schwerin schaffe sie es schließlich auch.

Es sei so ein schönes Gespräch zwischen uns gewesen.

Gestern.

Gerade, weil sie doch vorher so traurig gewesen war.

Am Ende unserer Dorfstraße steht eine große Birke. Das Haus in ihrem Schatten hat neue Besitzer. Die Frau, die vorher da zur Miete wohnte, hatte neben der Birke, als sie noch klein war, Rosen gepflanzt. Und jedes Mal in den fünfzehn Jahren, in denen wir auf unserem Weg zum Moor an ihren Rosen vorbeigingen, schimpfte sie auf die Birke und kündigte an, sie zu fällen. Denn die Birke nähme ihren Rosen das Wasser weg. Ich dachte dann immer, aber die Birke war doch vorher da? Warum pflanzt sie die Rosen nicht woanders hin? Als die Zeiten sich änderten und plötzlich wichtig wurde, wer im Grundbuch steht, musste sie ausziehen und sich woanders eine Wohnung mieten. Die Rosen nahm sie mit – die Birke steht immer noch da.

Zu Pfingsten im Friedwald, einem Buchenwald, ruhten Derden und ich einmal auf neuen

Holzbänken aus, an einem Abhang mit Sicht auf den See. Sie hatten das Unterholz gelichtet und einige junge Buchen gefällt, vielleicht sollte man sich von den dunklen, nah beieinanderstehenden Stämmen nicht erdrückt fühlen? Vielleicht sollte auch die Trauergesellschaft um einen Baum herum genug Platz haben? Hier und dort standen auch Birken, wie ein Lichtschein, und an ihren Stämmen waren besonders viele Schilder. Als ob der Tod einem leicht werden könnte unter einem so hellen Baum.

Manchmal folge ich nachts den Gesprächen Unbekannter in Chatrooms und spüre eine anonyme Verbundenheit; ich brauche mich nicht zu beteiligen, manchmal lese ich auch Unterhaltungen, die schon abgeschlossen sind, wie im archivierten Chatroom einer Naturzeitschrift, die es gar nicht mehr gibt, eine nächtliche Unterhaltung mehrerer Menschen über eine Birke. Eine Frau eröffnete in der Rubrik »Naturgarten allgemein« ein neues Thema: »Birke kürzen oder so.«

Hallo Ihr, hab heute den Garten etwas aufgeräumt und noch abgerissene Äste eingesammelt. Dabei ist mir aufgefallen, dass da auch ganz schön große Äste unserer Birke dabei waren. Sie überragt das Haus und ist eigentlich ein recht schöner Baum. Aber bei Sturm könnten die Äste ja auch für Nachbarn und Passanten gefährlich sein. Nun meine Frage an Euch: Wenn ich die Krone absägen lasse, treibt die Birke dann unten wieder aus oder stirbt sie gar? Die Äste beginnen eigentlich erst bei ca. 3,50 m Höhe. Da auch zwei Fichten neben ihr stehen, ist sie wohl etwas in die Höhe geschossen. Ich würde den Baum halt gerne erhalten, aber ihn in der Krone auszulichten ist schwer möglich. Der Baum ist viel zu hoch, um ihn da oben pflegen zu können. Unter ihrem Namen steht ihr Motto: *Ohne Not mach ich nix tot.*

Neun Minuten später kommt die erste Antwort: *Vor dem gleichen Problem stehe ich auch. Ich werde wohl zwei Birken, die nahe am Haus stehen, kürzen lassen. Die untersten Äste, sie dürften auch bei mir in mindestens drei Meter Höhe beginnen, müssen dabei natürlich stehen bleiben. Ich glaube eigentlich nicht, dass die Birke darunter wieder ausschlägt – wäre von mir auch nicht gewollt, so dünne Ästchen aus'm dicken Stamm.*

18 Minuten später schreibt Barba: *Hallo Ina, eine Birke ist nicht so leicht umzubringen. Selbst wenn Du den Stamm kurz über der Erde absägst, wird sie munter weitertreiben. Aber wenn Du den Stamm einkürzt, wächst sie mit Sicherheit an verschiedensten Stellen am Stamm aus. Die Chancen auf eine neue Krone stehen da schlecht, wenn Du nicht ständig hinterher bist und alle Triebe, die Du nicht haben willst, wegschneidest. Und auch dann kann sich eine Krone ja nur aus einem Seitentrieb entwickeln. Sorry, aber so ganz gut sind die Chancen auf einen »neuen« Baum da nicht.*

Noch in derselben Minute antwortet rübchen: *Unser Nachbar hatte auch eine riesige Birke direkt an unserem Grundstück stehen. Da hatten wir im Sommer immer schön Schatten, aber er hatte auch Angst, dass mal Äste abbrechen und auf die Autos fallen könnten. Also hat er die Krone abgeschnitten und die unteren Äste gekürzt. Das sah erstmal furchtbar aus, ich schaue vom Wohnzimmer genau drauf. Es hat mir richtig leidgetan um den schönen Baum. Aber schon im nächsten Jahr hat die Birke wie verrückt wie-*

der ausgetrieben, und wenn sie jetzt Blätter hat, sieht man von dem »Verstümmeln« nichts mehr.

Petaloudi antwortet: *Auch ich habe das Problem. Neben der Birke steht ähnlich wie bei Dir, Ina, eine Fichte, die fast noch höher ist als die Birke. Ich kann die Höhe schlecht schätzen, aber da sie höher ist als unser Haus (Souterrain+Wohnung+Dachboden = ca. 10 m), fürchte ich, dass sie bei einem Sturm wie Kyrill entwurzelt wird und auf das Haus stürzt. Meine Frage: Soll ich sie vorsichtshalber fällen lassen? Das wäre ziemlich traurig, weil Eichhörnchen, Sperber, Turmfalke und andere sich gern dort aufhalten.*

Und Lilly vom südlichsten Niederrhein antwortet: *Hallo Ina, Birken sind sehr biegsam, und wenn sie nicht alt oder krank sind, sind sie kaum sturmgefährdet. Kleinere Äste verlieren sie immer extrem viele bei Wind, ich hab im Frühling von meinen zwei Birken früher immer ganze Reisigbündel zusammengetragen. Aber auch nach Stürmen waren nie Äste dabei, die wirklich hätten gefährlich werden können. Sie standen auch am Grundstücksrand, aber ich habe nichts unternommen und würde es auch heute nicht tun.*

Nur durch unsere Allee mit den uralten Kastanien lasse ich keinen bei Orkanen. Ich würde sie also weder fällen noch verstümmeln: Eine Birke, einmal oben gekappt und seitlich ausgetrieben, hat dann einfach nicht mehr die typische leichte Birkenform. Aber wenn Du bzw. Ihr da Befürchtungen habt, einen Tipp: Ich habe dieser Tage einen Termin mit einem Baumspezialisten von der Stadt, der die alten Kastanien und Linden anschauen soll. Bei uns muss man sowieso eine Genehmigung holen, wenn man einen Baum fällen will. Bestimmt kann so jemand auch einschätzen, ob stärkere Äste Passanten oder Nachbarn gefährlich werden könnten. Nur, wie gesagt, bei Orkanen wie Kyrill wird ja sowieso alles gefährlich.

Und Erdling aus dem Nordschwarzwald schreibt: *Hallo Ina, ich kann aus Erfahrung auch etwas dazu berichten: Eine Birke direkt am Haus hatten wir vor einigen Jahren sehr weit eingekürzt (nur 2 m Stamm als Rest). Sie begann dann aus dem ganzen Stamm oben und unten wieder auszutreiben. Es sah unmöglich aus, und auch mit dem Schneiden war da keine natürliche*

Form hinzubekommen. Dann haben wir sie doch entfernen müssen. Vor zwei Jahren haben wir eine andere Birke in etwa 5-6 m Höhe zurückgeschnitten, alle dicken Äste auch. Nach dem Schnitt hat sie lange stark geblutet, aber sie hat sich gut erholt.

Ganz spät in der Nacht erinnert sich Lilly daran, was früher in ihrem Garten unter den Birken wuchs: *Bei mir breiteten sich Blauglöckchen aus, Narzissen, Lungenkraut, Scharbockskraut und Vergissmeinnicht. Es war wilde Wiese drumherum, und im Sommer, so dachte ich, würden sie den Wuchs vielleicht etwas reduzieren, eben, weil sie flach wurzeln und viel Wasser brauchen. Aber es hat sich nichts daran gestört. Neben Wiesenwildwuchs wuchsen Margeriten, wilde Möhre. Nur die Wildlupinen hatten, glaube ich, einen Bogen drumherum gemacht.* Und eine Stunde später schickt sie noch ein Foto: *Hab noch ein altes Foto gefunden. Das war im April. Es sind weiße Blüten und dahinter der Birkenstamm.*

Und nach ein paar Stunden gemeinsamem nächtlichen Nachdenken und Erinnern begnadigt Ina die Birke: *So ein paar alte oder schräg gewachsene Äste rausschneiden ist halt doch etwas anderes als so einen Baum beinahe abzusägen. Und wenn der Vollmond dahintersteht, schimmert er so schön, und bei blauem Himmel leuchtet er richtig. Und überhaupt, ich glaub, ich lass ihn so, wie er ist.*

So waren sie alle einmal nachts nicht mehr so allein. Und ich auch nicht.

Dieses Haus auf diesem Weg, der als Sackgasse zu einem Schwingmoor führt, in einem Ortsteil eines Dorfes in Nordwestmecklenburg, haben wir seit 1975. Seit 48 Jahren.

Die ersten 33 Jahre pendelten wir vom Hochhaus in Berlin hierher in die Einsamkeit, erst vor 15 Jahren zogen wir ganz und gar hierher. Vorher bestand unsere Nachbarschaft aus unbekannten Menschen in jenem Hochhaus; wir trafen sie vor dem Fahrstuhl im obersten Stock und nickten ihnen wortlos zu, bevor wir schweigend die 13 Stockwerke hinunterfuhren. Darunter waren oft auch zwei junge Männer, die aber nicht zueinander gehörten, der eine lächelte und grüßte, der andere nie. Einmal sagte jemand im Fahrstuhl, ein junger Mann sei von ganz oben aus seiner Einzimmerwohnung gesprungen, und mehrere Menschen in den Wohnungen unter ihm hätten ihn an ihren Fenstern vorbeifliegen sehen. Nun fürchtete ich jedes Mal, wenn ich zum Fahrstuhl ging, derjenige, der nie lächelte, könnte dort stehen oder aus dem sich öffnenden Fahrstuhl heraustreten. Denn warum hätte dieser springen sollen? Der Lächelnde war doch viel verletzlicher?

Unseren direkten Nachbarn mit Frau und Tochter kannten wir mit Namen, weil der auf dem Namensschild neben seiner Tür stand. Wir grüßten uns, denn vom Hauptgang führte eine gemeinsame kleine Treppe zu unseren sich gegenüberliegenden Wohnungstüren, die wir laut Hausordnung sauber zu halten hatten, so war es seit unserem gemeinsamen Einzug 1970. Wir besuchten uns nie, kannten uns nur vom Sehen.

Nicht lang vor dem Ende der DDR erkundigte sich dann einmal ein Offizier des Ministeriums für Staatssicherheit, nachdem er sich ausgewiesen hatte, an unserer Tür nach ihm, und gab als Grund dafür an, dass der Bruder unseres Nachbarn in einer höheren Stellung sei; da sei es wichtig zu wissen, ob er nicht etwa Westkontakte habe. Wir gaben keine Auskunft, und der Offizier verbot uns, dem Nachbarn etwas von dieser Nachfrage zu berichten. Du sollst deines Bruders Hüter sein, dachten wir aber, warteten bis zur späten Heimkehr des Nachbarn und berichteten ihm. Er bedankte sich nicht, murmelte nur, er habe gar keinen Bruder.

Als wir dann ein paar Jahre später die Stasiakten über uns lasen, war da ein langer schriftlicher Bericht dieses Nachbarn über uns, dass wir viele Besuche erhielten, woher, ob aus dem Westen, das könne er nicht sagen, aber unsere Kinder grüßten ihn höflich, und wir machten auch die Treppe sauber, wenn wir dran seien. Sogar mein Mann habe manchmal gewischt.

Habe ich nie, sagte mein Mann beim Aktenlesen. Aber der Nachbar wollte wohl etwas Gutes über uns sagen. Kurz nach dem Mauerfall verunglückte er tödlich auf der Autobahn. Ich sah seiner Frau und seiner Tochter an, dass etwas Schicksalhaftes passiert sein musste, als sie aus dem Fahrstuhl stiegen. Und fragte.

Auf unserem Weg hier im Dorf stehen auf unserer Seite fünf Häuser und gegenüber auch fünf. Drei Häuser gehören seit Generationen

Alteingesessenen. Und sieben Zugezogenen. Das bleibt ein Unterschied.

Als zum Beispiel in den Rundfunknachrichten irrtümlicherweise der Tod meines Mannes gemeldet worden war, was wir im Gegensatz zu unseren Nachbarn nicht gehört und darum auch noch nicht dementiert hatten, standen einige mit gesenktem Kopf vor unserem Haus und grüßten mich ernst, als ich gerade gutgelaunt in den offenen Zweisitzer einer Freundin stieg. Ihr Mann ist tot, und sie fährt weg, das passt nicht zu ihr, hätten sie anschließend gesagt. Der Sattler im Hauptdorf vermutete, ich würde das Haus verkaufen und wieder nach Berlin ziehen. Der Domchor in Schwerin fragte sich, wie ich das verkraftete. Der Leiter des Stabes eines Ministers und seine Frau aus der Personalabteilung eines anderen Ministeriums, sie wohnen um die Ecke, hörten es beim Tanken und waren schon auf dem Weg zum Tante-Emma-Laden im Hauptdorf, um eine Trauerkarte zu kaufen, als sie uns mit ihrem Geländewagen langsam auf der schmalen Straße im Schritttempo überholten, erst mich auf dem Fahrrad, beide mit ernstem seitlichem Blick, dann zehn Meter vor mir Derden, auch auf dem Fahrrad. Da blieben sie stehen und fuhren wortlos zurück.

Sie hatten uns zu ihrer Hochzeit im Garten ihres Reihenhauses eingeladen, die zwei Ministerien saßen an langen Tischen unter weißen Zeltdächern, auch die Nachbarin im Reihenhaus hatten sie eingeladen. Die aber kam nicht, sondern holte die Polizei wegen Ruhestörung. Wir saßen gerade um den Grill der Hochzeitsgesellschaft, als das Überfallkommando kam und eine Minute später dem Brautpaar gratulierte. Nicht nur die Polizisten, sondern auch die meisten Gäste waren Beamte. So wussten sie alle, dass die Polizisten wegen der Vorschriften zur Vermeidung von Korruption und Beamtenbestechung keine Grillwurst annehmen durften.

In unsere Nachbarschaft kommt öfter mal die Polizei. Einmal, im Winter, sahen wir sie vor dem Nachbarhaus parken, als wir gerade unsere Frühstückszeitung lasen. Darin stand eine Meldung über den Diebstahl eines Rasentraktors, genau in unserem Ortsteil, sogar in unserer Straße, und mein Mann bat mich scherzhaft, doch einmal nach unserem Rasentraktor zu sehen. Ich öffnete die Stalltür, die wir nie abschlossen: Der Rasentraktor war weg, nur ein kleiner alter Rasenmäher, noch aus der DDR, stand in der Mitte des großen Raums wie ein verlassenes Haustier. Ich ging zurück zum Frühstückstisch. Woher konnte die Zeitung das schon wissen, fragten wir uns. Ich schlug vor, die Nachbarn zu informieren und ihnen zu raten, nach ihren Rasentraktoren zu sehen. Bei allen waren sie weg – und sie hatten es, so wie wir, nicht gemerkt, weil Winter war. Nur unsere Nachbarn in dem neuen Haus hatten den Diebstahl schon am Vortag der Polizei und der Versicherung gemeldet, uns anderen aber nicht. Denn sie konnten sich einfach nicht vorstellen, dass man nicht jeden Tag nach seinem Rasentraktor sieht, auch im Winter, in der abgeschlossenen Extra-Garage an der Straße.

Sie waren sehr korrekt, von Anfang an. Beim Einzug in ihr neugebautes Haus vor fünfzehn Jahren hatten sie uns gleich gesagt, dass sie keine Schmutzecken dulden würden und uns aufgefordert, auf unserer Seite des gemeinsamen achtzig Meter langen Zauns in einer Breite von

30 Zentimetern alles umzugraben, damit keine Graswurzeln von unserem Rasen zu ihnen herüberwüchsen. Wir engagierten noch am selben Tag einen Mann aus dem Dorf, der, immer wieder den Kopf schüttelnd, den Auftrag ausführte.

Später einmal, als bei Bauarbeiten im Nachbarhaus auch Teile unseres Zauns zerbrachen, empfanden unsere Nachbarn den Zaun überhaupt als etwas brüchig, wie sie äußerten, und wir bestellten beim Sägewerk neue Latten und Pfähle. Zwei Tage später kam ein LKW-Fahrer ohne Beifahrer und bat mich, zum Ausladen kräftige Männer aus der Nachbarschaft zu holen. Da sie alle weg waren, zur Arbeit, bot ich meine Hilfe an. Plötzlich stieg unsere Nachbarin über den Zaun, zierlich, mit ledernen Maurerhandschuhen, und sagte verwundert: Zu Ihnen kann man ja gar nichts sagen – Sie machen das ja gleich.

Und ich antwortete: Sie können sich gar nicht vorstellen, was ich alles machen würde, um Frieden mit den Nachbarn zu haben.

Noch am selben Tag stieg sie wieder über unseren Zaun, als wir gerade am Kaffeetisch saßen, und schenkte uns zwei Stück Himbeertorte.

Die Pfarrfrau, die ich schon so lange kenne, sagte, sie sei nicht traurig, als ich sie nach der brieflichen Nachricht vom plötzlichen Tod ihres Mannes sofort anrief (»So wollte er sterben: nicht dement und nicht pflegebedürftig.«).

Ihr Mann, achtzig, immer mit unbehandeltem hohem Blutdruck, sei fünfhundert Kilometer im heißen alten Familienauto (ohne Klimaanlage) mit ihr in sein Geburtshaus in Sachsen gefahren und danach so schwach gewesen, dass er das einstündige Rasenmähen am nächsten Morgen abbrechen, sich aufs Sofa legen musste und starb.

Vor 45 Jahren hatte er mir etwas Merkwürdiges anvertraut: Bitte sieh mich nicht so an, wenn ich dir das Abendmahl gebe; ich bin nicht gläubig wie du.

Der Notarzt, der sofort kam, konnte ihn nicht wiederbeleben.

Seine Frau hat hier in Mecklenburg-Vorpommern die Telefonseelsorge aufgebaut, aber in ihrem gesamten achtzigjährigen Leben noch nie einen Behörden- oder Computer-Tastatur-Kontakt gehabt, drei Kinder großgezogen und immer zwei Meter hinter ihm gestanden.

Eine ganz und gar untypische DDR-Lebenspartnerschaft.

Und ein Tod ohne Abschied von seiner Frau.

Sie sagte am Telefon: Kurz vor seinem Tod hat er sehr viel erbrochen: viel mehr als das, was im Magen drin war.

Einmal schob ich Derden auf der früheren Panzerstraße aus dem Dorf. Links und rechts Rapsfelder. Unser Haus war hinter den alten großen Obstbäumen vom Feld aus nicht mehr zu sehen, nur der weite Himmel darüber.

Er war wohl eingeschlafen.

Früher schlief mein Kind im Kinderwagen auch so, wenn ich es schob. Ich sah in sein schlafendes Gesicht.

Aber bei Derden muss ich um den Rollstuhl herumgehen, um sein Gesicht zu sehen.

Wie ein gelbes Meer, sagte er leise, schieb mich noch ein bisschen weiter, wenn es für dich nicht zu anstrengend ist. Bis zum Horizont ein gelbes Meer. Schieb mich doch bitte ganz nah an den Feldrand, ganz nah, bis ich drin bin, vielleicht kann ich es dann riechen. Gib mir doch eine Blüte.

Verstecken Sie Messer und Telefonhörer, empfahl mir ein Alterspsychiater.

Ich hatte ihn um Rat gefragt, weil Derden eines Nachts um drei, als er noch wusste, wie man ein Telefon bedient, den Polizeinotruf gewählt hatte.

Er hatte sich ruhig mit seinem Namen gemeldet, er sei Professor, und im Haus unter seinem Bett befänden sich Einbrecher, und, auf Nachfrage, ja, es befinde sich noch ein Mensch im Haus, seine Frau, die schlafe, und er wolle sie beschützen.

Vom Lichtschein durch den Türspalt und von seinen Schritten war ich wach geworden – damals schlief ich schon in meinem Arbeitszimmer – und stand auf. Er war sehr aufgeregt, denn er hatte auch das Gespräch der Einbrecher belauscht, unter seinem Bett.

Sie müssen im Keller sein, flüsterte er aufgeregt.

Aber wir haben doch gar keinen Keller, erwiderte ich. Als wir unser Haus nach dem Brand wieder aufbauten, wurde doch das Fertigteilhaus direkt auf die Bodenplatte montiert.

Dann sind sie auf dem Dachboden, entgegnete Derden.

Ich schaltete die Außenbeleuchtung des Hauses an und ging vor die Haustür. Die Polizisten kamen mit Blaulicht ohne Martinshorn zu dritt. Als sie mich in der Haustür sahen, hörte ich sie zueinander erleichtert sagen: Die Frau steht da ja. Ich ging ihnen auf dem Gartenweg entgegen und entschuldigte Derden. Sie kamen herein, Derden saß in seinem Sessel gleich am Eingang, sagte, dass wir ehrbare Leute seien, noch nie die Polizei gerufen hätten, auch unsere Kinder seien wohlgeraten.

Ich fragte den Polizei-Vorgesetzten, der Derden mit Respekt und aus mehreren Metern Abstand ansah, ob wir eine Rechnung für den Einsatz bekommen würden. Er verneinte, beim ersten Mal nicht. In Zukunft sollte ich das Telefon aber lieber verstecken. Sein Schwiegervater, der noch bei ihnen lebe, habe auch solche Gedanken.

Darum liege er im Gitterbett. Aber das sei eine freiheitsberaubende Maßnahme. Das könne man nicht einfach ohne Erlaubnis machen.

Dann werden wir mal ums Haus gehen und auch auf den Dachboden, wenn Sie einverstanden sind, sagte er ruhig zu Derden, der zustimmend nickte.

Die drei Polizisten gingen tatsächlich durchs Haus und verabschiedeten sich schließlich, beruhigten Derden.

Dann werden sie geflohen sein, als Sie kamen, sagte Derden dankbar.

Die Polizisten gingen, und wir bekamen keine Rechnung.

Jetzt ist der Wintergarten offen, mehrere Amseln singen, er überlegt, wie er den Urinbeutel mit Farbe füllen könnte, um beim Zaunstreichen zu helfen. Oder wir machen es wie Tom Sawyer und lassen es andere machen, meinte er.

Vielleicht ist schon Frieden, sagte er ernst, als ich ihn zu den Abendnachrichten rief.

In einer Nacht war ich drei Mal aufgestanden und hatte ihn zugedeckt, beim dritten Mal sagte er: Ich denke immerzu darüber nach, wie man nach Berlin fährt.

Und als ich ihm einen Kuss gab und sagte: Ganz einfach mit dem Zug, sagte er beruhigt: Dann kann ich ja weiterschlafen.

In einer anderen Nacht weckte Derden mich einmal um vier Uhr, weil er in seinem Bett sehr viele Eidechsen und Mäuse herumlaufen und knabbern hörte.

Ich werde sie alle herauslassen, versprach ich mit bestimmter Stimme, schüttelte die Bettdecke durch die Wintergartentür aus, und er konnte beruhigt weiterschlafen.

Als Kind hatte er viele Eidechsen in sein Bett schlüpfen lassen. Nun, nach neunzig Jahren, waren sie alle zu ihm zurückgekommen.

Wir sitzen jetzt im Schatten, der Arzt war da und hat den Blasenkatheter gegen einen größeren gewechselt, was normalerweise sehr weh tut, weil es ja notwendig bei vollem Bewusstsein und gewaltsam durch den Blasenschließmuskel geschieht.

Derden bedankte sich bei mir, dass es nicht weh tat, weil er seine Hände beim Schmerz wie angeboten in meine Hände ganz fest hineindrückte.

Ich hatte ihm gesagt, dass Hebammen das auch bei der Geburt raten: Bei mir vor knapp 62 Jahren ging es übrigens nicht, weil die Hebamme mit dem Überleben meines Kindes beschäftigt war; es hatte die Nabelschnur mehrfach um den Hals geschlungen, und die Herztöne waren nicht mehr zu hören, so wurde es blau geboren und schrie nicht, eine lange Zeit.

Da war die Hand der Hebamme woanders nötiger.

Aber heute half sie.

Einmal, auf der Suche nach einer Gaststätte zum Mittagessen, rollte ich Derden durch die Innenstadt. Hier waren hohe Stufen, dort saß niemand drin.

Schließlich waren wir in der Fußgängerzone bei einem Fleischer angelangt. Innen Selbstbedienung mit schmackhaften warmen Gerichten, so hatten wir es in Erinnerung, draußen standen Stühle. Ich rollte Derden zu einem freien Tisch auf dem Boulevard. Am Nachbartisch saß ein schwarz gekleideter Mann mit einer Bierflasche aus braunem Glas in der Hand, der uns schon von weitem beobachtet hatte. Er rückte den einen der vier Stühle weg, damit der Rollstuhl Platz hatte. Als er sich dabei über mich beugte, bemerkte ich eine Mischung aus Biergeruch und teurem Herrenparfum. Er hielt den Hals der Bierflasche umklammert. Sie war leer. Er wirkte nüchtern.

Wir bedankten uns für seine Hilfe.

Derden wollte sich am Buffet selbst etwas aussuchen und ging darum am Gehstock mühsam in das Geschäft, ich setzte mich solange in seinen angewärmten Rollstuhl auf das weiche Kissen. Der Mann am Nachbartisch rückte von seinem Tisch weit weg, saß nun fast neben mir und schwieg.

Ich hatte auch einen Opa, sagte er leise, der wollte sich auch immer nicht helfen lassen.

Nach einer Weile stand ich auf, weil ich Derden beim Tragen des Tabletts helfen wollte. Da bat mich der Mann nebenan, sitzen zu bleiben: Genießen Sie den Rollstuhl, ich helfe Ihrem Mann, er wird jetzt dran sein.

Er ließ sein Handy auf dem Tisch liegen. Das Display war zersprungen. Ein Mann stellte sich an den Tisch und sah sich das Handy an. Ich sagte ihm, dass der Besitzer gleich zurückkommen würde. Da ging er wortlos weg.

Kurz darauf kam Derden aus dem Geschäft, neben ihm trug der Mann vom Nebentisch das Tablett mit dem Mittagessen und stellte es auf unseren Tisch.

Wir bedankten uns wieder.

Ich sagte ihm, dass ich sein Telefon verteidigt hätte. Er nahm es an sich, aber es schien ihm gleichgültig zu sein. So, als ob er es verachtete.

Er drehte seinen Stuhl noch etwas mehr zu uns und wünschte guten Appetit.

Er schwieg wieder.

Nach einer geraumen Zeit sagte er, dass es hier eigentlich immer gut schmeckte, dass er aber gestern in einer richtigen Gaststätte zu Mittag gegessen habe und uns diese Gaststätte empfehlen könne, mit Lachs und vier Drinks habe er nur vierzig Euro bezahlt.

Er beschrieb uns das Mittagessen sehr genau, auch die Sambucas.

Derden sagte leise zu mir, dass es in der Fleischerei drinnen leider nicht sein Lieblingsgetränk Ginger Ale gegeben habe, und ich stand auf, um ihm etwas anderes zu holen, aber der Mann kam mir wieder zuvor: Er hatte zugehört, weil er inzwischen an unseren Tisch herangerückt war. Er kehrte mit einem Glas Limonade und einem Kaffee für mich zurück, in den er Milch und Zucker gerührt hatte.

Ich mache nie Zucker in den Kaffee, aber das dachte ich nur.

Derden holte seine Geldbörse heraus, um ihm das Ausgelegte zu bezahlen, aber der Mann wollte durchaus nichts haben. Es ist mir ein Fest, sagte er, ein bisschen mit Ihnen zu reden.

Dann erzählte er von seinem Geburtsort, nicht weit weg von hier und nicht weit weg von der Ostsee, und dass seine Freundin ihn verlassen habe, noch nicht lange her sei das gewesen, dass er Handwerker sei und sehr gut verdient habe, bis er mit Kokain und dann, ich bin ehrlich, sagte er, auch mit Alkohol in Kontakt kam, und dass seine Ehe darum auch vorbei sei.

Ich fragte ihn, ob er Kinder habe.

Ja, eine Tochter, schon elf.

Er erzählte, wie sie als kleines Kind immer hinfiel und wie leid es ihm tue, dass er nicht geduldig genug mit ihr war, dass er schon zum Entzug gewesen sei, alle Tricks der Psychologen kenne.

Zum Entzug und zur Reha, ich komme da nie mehr raus.

Bis mittags um 12 keinen Alkohol trinken, sagte ich.

Ja, helfe bei ihm alles nicht. Er sei jetzt vierzig, ihm könne keiner helfen, sagte er. Am schlimmsten sei der Alkohol, er hob die leere Bierflasche hoch.

Weil es Alkohol überall, überall gebe. Ist mir ein Fest, wirklich, sagte er, dass ich hier mit Ihnen sprechen kann.

Bis morgen Mittag um 12, sagte ich, keinen Alkohol, nur einen einzigen Tag lang.

Geht nicht, sagte er, will ich auch gar nicht. Ich hatte einen Opa, der wollte partout nicht in einen Rollstuhl, bleiben Sie, wie Sie sind. Danke. Machen Sie es beide gut.

Er hätte vom Alter her tatsächlich unser Kind sein können. Merkwürdig, dass man so aufsteht und es da sitzen lässt, sein eigenes Kind.

Bis mittags um 12 keinen Alkohol, sagte ich, ohne Hoffnung eigentlich, und gab ihm die Hand. Er stand mit einer Verbeugung auf, wie es sich gehört.

Gestern ist mir ein Stein von meinem Hals weggerollt, und seine Bedrückung ist weg, auch auf meiner Luftröhre lag er, auf meinem Herzen. Plötzlich hatte ich, nach zwei Jahren und sechs Monaten, das Gefühl einer Befreiung von etwas sehr Schwerem.

Und heute ist es immer noch so.

Das ist mir in diesem Ausmaß noch nie passiert, dass eine Erkenntnis mich wie eine Erleuchtung trifft: Ich hatte das erlösende Gefühl einer Befreiung von Groll, von Beleidigtsein, Nachtragen, von Hochmut und gleichzeitig das Gefühl von Erwachsensein, Einsamkeit, großer Fremdheit in meiner bisherigen privaten Welt. Und alles nur wegen eines verschlossenen Glases in unserem Kühlschrank, oberste Ebene. Dieses Glas stand da seit sechs Monaten. Seine Aufschrift: *Champignons, 1. Wahl, in Scheiben, einfach lecker*, mit vielen abgebildeten Champignonscheiben auf der Banderole. Als ich es geschenkt bekam, in diesem heißen Juni, ich weiß nicht mehr von wem, stellte ich es nicht in den Vorratsschrank, weil ich dachte, dass ich Champignons lieber kühl halten sollte. Außerdem hatte es einen kleinen Aufkleber mit dem handschriftlich vermerkten Datum 13.6.2022. Herstellungs- oder Verfallsdatum?, fragte ich mich.

Gestern nun hatte ich noch Bandnudeln vom Vortag übrig und beschloss, die Champignons gebraten zum Mittag dazuzugeben. Ich öffnete den Deckel, der Widerstand leistete, und sah, dass das Glas bis zum Rand mit Gelee gefüllt war, sodass ich gar keine Champignons sehen konnte. Sollten sie sich in der Flüssigkeit aufgelöst haben? Vielleicht war das Gelee nun giftig? Ich nahm eine kleine Probe mit einem Teelöffel heraus und schmeckte ... Quittengelee. In diesem Moment begann der schwere Stein von meinem Hals wegzurollen.

In den Tagen zuvor waren Derden und ich beide ganz unglücklich geworden, denn ich hatte mich über die fehlende Hilfe seiner drei Kinder, plus minus sechzig Jahre alt, beklagt, sie als bequem, undankbar und unsolidarisch bezeichnet, hatte beklagt, dass er sie nicht zur Hilfe aufforderte, dass sie mich nach den vielen Jahren meiner 24-Stunden-Pflege in diesem Jahr nicht eine Nacht vertreten wollten, nur drei Mal zum Kaffee kamen, gleich wieder zurück nach Berlin fuhren. Derden hatte sie verteidigt und gesagt, dass es doch meine Aufgabe sei, ihn zu pflegen, weil ich seine Ehefrau sei, während die Kinder ihre eigenen Familien hätten, ihr eigenes Leben führten. Ich würde ja auch nicht deren Haushalt führen für eine Woche. So ging es unerfreulich hin und her, ich sagte, dass ich mich seit früher Kindheit ausgenützt fühlte, erst von meiner Mutter, dann von meinem ersten Ehemann, nun von seinen Kindern. Er fragte mich, ob ich mich scheiden lassen wolle, weil er solche Kinder habe und sie liebe, ganz egal, was sie tun oder lassen würden. Da stand ich auf, begann, das Mittagessen zu kochen und beschloss, das ominöse Glas mit den *Champignons, 1. Wahl, in Scheiben*, endlich zu verwerten.

Die Erleuchtung hält immer noch an. Vielleicht bleibt sie: Ich würde mir nie solche Mühe mit Quittengelee geben, um dann das Produkt unerkannt in ein Glas mit unzutreffender Aufschrift zu geben, ich weiche den Aufkleber von jedem Glas ab. Ich würde es nie für selbstverständlich halten, dass ein Beschenkter sich merkt: In dem Glas mit der Aufschrift *Champignons, 1. Wahl, in Scheiben, einfach lecker* ist in Wirklichkeit Quittengelee. Überhaupt würde ich wohl nie Quittengelee verschenken, weil ich es nämlich selbst so gern genieße. Und wenn ich es doch verschenken würde, dann würde ich einen kleinen Hinweis auf meine Urheberschaft auf das Glas kleben. Denn ich erwarte Dankbarkeit. Da geht es schon los. Ich erwarte mir gegenüber Dankbarkeit.

Ich bin selbst dankbar; wenn mir jemand etwas Gutes tut, vergesse ich das nicht. Eine Ärztin, die 1974, also vor 49 Jahren, in einer privaten Untersuchung bei mir einen Tumor entdeckte, den sie für abklärungswürdig hielt – und er war wirklich bösartig – und die mich schon zwei Tage später in die richtige Klinik einwies, wo ich sofort zweimal operiert wurde, hat bei mir für immer mildernde

Umstände für ihre von meinen so abweichenden politischen Meinungen. An ihrem Geburtstag fahre ich drei Stunden mit der Regional-Bahn hin und auch wieder zurück, um mich von ihr über den quietschenden Mittelstreifen der B96 zu einem Hotel hinter Wandlitz bringen und zum Mittagessen einladen zu lassen, wo wir jedes Mal die einzigen Gäste sind auf der Terrasse an einem schwarzen See, das Ufer gegenüber ist mit schwarzen Bäumen bestanden, davor ein goldenes Reh, weil Honecker hier jagte und wohl manchmal eine Mahlzeit zu sich nahm. Jetzt wird sie hier bedient, darum geht es. In unserem Dorf hat ein Polizist auf einer Versteigerung des früheren Politbüros der SED zwei Volvos ersteigert, den zweiten als Ersatzteil-Lieferant. Früher musste er beim Vorbeifahren strammstehen, nun fährt er selbst darin, und die sitzen im Gefängnis, erklärte er uns. So mag es meiner Retterin auch gehen, der ich so dankbar bin bis zum Lebensende.

Eine Ärztin muss so handeln, sagte mir eine Bekannte kürzlich erstaunt, da brauchst du doch nicht dankbar sein.

Aber zurück zur falschen Beschriftung. Ich hatte Champignons erwartet und fand etwas viel Köstlicheres.

Und genauso schleppte ich also seit Jahren unzutreffende und unerfüllbare Erwartungen mit mir herum wegen der falschen Beschriftung unserer Lebensumstände mit dem Etikett *Familie* oder *Patchworkfamilie*.

Gestern öffnete ich das Glas. Und es war Luft darin, Berliner Luft. Es war eine Befreiung.

So muss es Bildhauern gehen, wenn sie die Hülle einer Skulptur nach dem Brennen abschlagen, und darunter ist die kühle Bronze. Für Derdens Kinder, verstand ich in diesem Moment, bin ich die Geliebte ihres Vaters seit Jahrzehnten und nicht ihre Mutter seit der Geburt. Und sie sind nicht meine Kinder, sondern sein Fleisch und Blut. Für sie ist alles freiwillig, die Besuche, die Telefonanrufe. Eben Quittengelee. Und darum ist mir, als ob ich von einem Fluch der falschen Harmonie erlöst wäre. Der Falschheit.

Heute erklärte ich Derden meine Befreiung: Für seine Kinder und auch für meinen Sohn waren wir immer in erster Linie ein Liebespaar, erst in zweiter Linie Vater oder Mutter, und das ja auch nur für das eigene Kind, die eigenen Kinder. Weil es ja die leibliche Mutter seiner Kinder immer gab und auch den leiblichen Vater meines Kindes. Wir haben uns verantwortlich für die Kinder verhalten, aber langfristig gelebt hat nur mein Sohn bei uns, bis zu seinem 22. Lebensjahr, dann heiratete er und zog aus. Derdens große Tochter lebte nur ein Jahr wegen der Lehre bei uns, dann ging sie zum Studium in eine andere Stadt und gründete eine Familie, und sein Sohn lebte auch nur ein Jahr bei uns, weil seine Mutter ihn mit 17 aus dem Haus warf, aber mit 18 wieder aufnehmen musste, weil er sich bei ihr zwangseinweisen ließ; das gab es in der DDR. Seitdem wohnt er bei ihr, seit 47 Jahren. Und Derdens jüngere Tochter hat uns immer nur in Begleitung ihrer Mutter besucht, vor 42 Jahren an ihrem 18. Geburtstag, und danach begleitet von Mann, Kindern und Enkelin, noch nie allein. Manchmal waren es zwanzig Personen, für die ich einkaufte, kochte, die ich bediente, für die ich abwusch. Ich gab ihnen mein Zimmer für ein Jahr, damit sie ein eigenes hatten, wusch ihre Bettwäsche, ich bewahrte ihre Liebesgeheimnisse, sie redeten mich mit dem Kosenamen an, den ihr Vater mir gegeben hatte, eine der beiden Mütter konnte sogar unbeschwert in den Urlaub fahren, weil wir ihre Kinder ins Zelt oder auf mein kleines Boot in den Urlaub mitnahmen. Ich dachte immer, dass ich in Vorleistung gehe, aber das war eine Illusion.

Warum sollten diese erwachsenen Kinder, dem Rentnerdasein nah, dachte ich gestern bei der Entdeckung des Quittengelees in dem falsch beschrifteten Glas, mich hier auch nur eine Nacht vertreten? Sie fühlen sich nicht zuständig. Du bekommst doch Pflegegeld, sagte Derdens Sohn auf meine Bitte. Er hat recht: 262 Euro für einen Monat, also knapp neun Euro pro Tag. Derdens große Tochter sagte vor einem Jahr auf meine Bitte Nein, da sie zwei Arbeitstage in ihrer freiberuflichen Arbeit opfern müsse, wenn sie mich wegen einer Lesung vertreten würde. Ich antwortete, dass ich in den sechs Jahren der 24-Stunden-Pflege, so gesehen, sechs mal 365 Tage geopfert hätte. Sie sagte, dass ihre Freundin ihren Vater oft in die Kurzzeitpflege bringe und es ihm dort gut gehe, wie im Urlaub. Und dass sie vor kurzem auch in unserer Nähe eine solche Pflege angerufen habe, hier gebe es das nämlich auch. Und wenn man den Patienten früh genug anmelde, hätte man unter Umständen sogar Glück und bekäme ein Einzelzimmer.

Seit gestern werde ich immer *Quittengelee* denken und nicht mehr *Patchworkfamilie*.

Die Schwestern unseres Pflegedienstes bestätigten mir, dass wir beide untypisch sind. Von den 181 Patienten, die sie betreuen, ist Derden der einzige Patient, der so krank ist und zuhause leben kann, sie würden ihren eigenen Vater aber auch nicht so anfassen können, wie sie ihre Pflegebedürftigen waschen und windeln. Da könnten sie die Scham nicht überwinden. Sie verstehen unsere Kinder. Und ich übe das jetzt mit dem Quittengelee, irgendwie muss ich meinen Humor wiederfinden.

Aber vielleicht geht es bei leiblichen Kindern gar nicht um die notwendige körperliche Hilfe, um das Windelnwechseln und das Leeren des Urinbeutels, sondern um eine Angst ganz innen. Wenn der Vater Dinge sieht, die man selbst nicht sieht, oder Stimmen hört, die man selbst nicht wahrnimmt, wenn er einen verwechselt oder nicht erkennt, dann sieht man ja die eigene mögliche Zukunft: So hilflos und verwirrt könnte man selbst einmal im Bett liegen. Wo sich vorbehaltloses Erbarmen bei Menschen einstellt, die nicht mit dem Kranken verwandt sind, die ihn vielleicht sogar von Herzen lieben mit all seinen Halluzinationen, kann die Angst so übermächtig nicht werden. Sie müssen in ihm nicht die eigene Zukunft sehen.

Ich habe noch andere Menschen kennengelernt, die mich nicht vertreten wollten, und sei es nur für zwei Stunden am Tag, vielleicht bloß, um über Derdens Schlaf zu wachen und sein Aufwachen, denn wenn er am Tag aufwacht, muss er erst langsam in die Tageszeit und den Raum zurückfinden: Kürzlich kam eine Frau aus der Nähe, die wir schon vierzig Jahre kennen, um mir einen Blumenstrauß und ein Glas selbstgekochte Marmelade zu schenken. Sie ist schon Rentnerin. Ich bat sie herein, wir unterhielten uns über persönliche Dinge, und ich fasste mir ein Herz und bat sie, am übernächsten Tag am Nachmittag mich zwei Stunden zu vertreten, da ich zu einer Beerdigung gehen wollte, aber für diese beiden Stunden noch niemanden zur Vertretung gefunden hatte.

Die Frau sagte sofort höflich Nein, weil sie in der Psychotherapie gelernt habe, sich vor Überforderung gleich im ersten Moment zu schützen, denn wenn sie jetzt zu mir Ja sage, dann könnte ich ja daraus das Recht ableiten, sie bei einem anderen Anlass wieder zu fragen. Und da sage sie dann vielleicht wieder Ja, weil sie eben nicht Nein sagen könne.

Sie ging. Und nach einer Weile klingelte ich bei ihr, um ihr zu versichern, dass ich sie nie wieder bitten würde.

Ein andermal rief mich durch Vermittlung eine Studentin an, die stundenweise auf Intensivstationen arbeitet. Sie sagte, sie würde für vierzig Euro bei uns übernachten, wenn ich wegen einer Lesung außerhalb eine Vertretung brauche. So günstig war noch nie eine Krankenschwester zu mir gekommen. Als sie meine Freude bemerkte, fügte sie hinzu, dass das ihr Stundenlohn sei, denn es sei ja eine Nachtbereitschaft. Dann bekommen Sie fast tausend Euro für einen Tag?

Ja.

Eine andere Altenpflegehilfskraft, noch vor Corona gerade in Rente gegangen, die auch mehrere Tage zu normalen Preisen hier arbeiten und übernachten wollte, gefiel mir sehr. Sie hatte Berufs- und Familienerfahrung, kündigte eine deutsche Küche an, was Derden freute, weil er dann nicht mehr meine veganen Schnitzel essen muss, und hatte Humor. Wir vereinbarten Termine, und beim Hinausgehen im Flur sagte sie, dass sie sich auf die Arbeit hier freue, weil wir nette Leute seien. Nun wollte sie auch ehrlich sein: Corona gebe es nicht, eine Maske trage sie nicht, impfen lasse sie sich nicht, weil davon alle Frauen in Ghana oder wo unfruchtbar werden, und testen lasse sie sich auch nicht.

Ich warf noch ein, dass ich um mich gar nicht solche Angst habe, dass aber Derden, 95 und multimorbid, ein Hochrisikopatient sei und man darum doch vorsichtig sein müsse mit einer Coronainfektion. Und ob ich sie nicht doch umstimmen könnte.

Leider nein.

Wir mussten alle unsere Termine streichen.

Dann kam noch die Angestellte einer deutschlandweiten Krankenschwester-Agentur. Sie war drei Tage hier, zuverlässig, aber Derden war es nicht gewohnt, dass niemand mit ihm sprach oder am Tisch bei den Mahlzeiten zusammensaß, scherzte. Sie machte sich einen Obstteller in der Küche und blieb dort. Und Derden lacht so gern mit den Schwestern des Pflegedienstes am Morgen. Und auch mit mir. Er hört gern CDs mit Jazz und Mozart, singt mit. Mit dieser Vertretungsschwester aber herrschte Grabesstille. Sie erzählte mir, dass sie im Mehrschichtbetrieb Komapatienten betreut. Mit denen rede sie auch nicht. Diese zuverlässige Frau konnten wir also nicht wieder bestellen.

Eine andere, die wir gefunden hatten, die schon in der Sterbebegleitung arbeitete, eine berentete Krankenschwester, die mit einem Lastenfahrrad auf die Minute pünktlich kommt, bei Derden schon einmal nachts einen leichten Schlaganfall bemerkte und alles richtig machte, wird bald von hier wegziehen, wie sie ankündigte, weil sie dann ihre alten Eltern an der Nordsee pflegen muss, denn ihre beiden Geschwister haben schon gesagt, dass ihnen das nicht so liegt.

Dann gibt es noch eine berentete freundliche Schwester. Aber sie will kürzertreten, sich um die Enkel, den kranken Mann und die Familie kümmern, denn ihr Sohn und die Frau des anderen Sohnes haben Krebs. Sie selbst hatte schon einen Herzinfarkt und arbeitet seit ihrer Kindheit schwer, ihre Mutter starb früh, seitdem ist sie für ihre jüngeren Geschwister verantwortlich gewesen.

Und schließlich hat mir noch eine junge berufstätige Schwester Übernachtungsvertretung angeboten. Aber sie wohnt weit weg, hat zwei Mädchen, ein ganz kleines und ein Schulkind. Ihr Mann würde die Betreuung der Kinder übernehmen. Ich solle keine Bedenken haben, sie zu bitten.

Wie lange wird in Deutschland die Pflege eines alten kranken hilfsbedürftigen Menschen, der gern zuhause leben und auch sterben will, noch so holperig sein, so ausschließlich auf einen einzigen Angehörigen bezogen?

Dies ist unsere nächste Lebensaufgabe:
Annehmen.
Kreatürlich leben.
Wärme auf der Haut.
Verlass mich nicht.

Manchmal möchte ich tot sein, endlich ohne Verantwortung und Pflichten, aber trotzdem dabei sein, niemand soll sich schuldig fühlen, ein zufälliger Tod, ich möchte mit meiner Seele im Raum schweben und alles noch sehen und hören können, es muss so leicht sein bei der kleinen Trauerfeier für mich.

Hallo, Derden, Derden!, rufe ich. Er hört mich nicht. Übrigens höre ich mich auch nicht schreien. Sieht er mich?

Ich werde einfach hüpfen, im Kreis um ihn herum hüpfen. Aaah – bis an die Decke, unter der Kuppel mit den Armen etwas abstoppen, herabschweben, schwimmend über seinem Kopf fliegen, landen. Vor deinem Gesicht bin ich. Derden! Du hast ja Tränen in den Augen.

He! Du wirst mich nicht los, auch wenn ich tot bin.

Einem von uns beiden ist Hören und Sehen vergangen.

Du kannst mich nicht hören und kannst mich nicht sehen. Aber ich kann. Ich kann euch sehen.

Wollen wir wieder das Kompromissspiel spielen? Wir können mich beide nicht sehen. Und dich können wir beide sehen. Aber nur ich weiß das. Das war immer unser Kompromiss, da war der Streit vorbei – und du konntest mich wieder siegen lassen, nur um einen Punkt, aber der genügte mir.

Als ob es mir irgendetwas nützt, dass ich euch noch alle sehen kann. Es macht keinen Spaß, so allein.

Für euch liege ich in dem Sarg da.

Schade um das schöne Holz – es wird nachher verbrannt. Oder ob sie den Körper vorher herausnehmen, ehe sie ihn verbrennen? Ich werde schon wieder pietätlos. Aber diesmal, das letzte Mal – darf ich: Keiner hört es.

Und die Hauptsache: Es betrifft mich selbst.

Das mit der Asche ist eine gute Idee. Sie müsste leicht und weiß durch die Sommerluft schweben wie die Samen der Pusteblume – ja, ich weiß, des Löwenzahns.

Bei uns kommt die Asche nicht in die Spree!

Bis zu meinem Tod fand ich die Vorstellung von der Asche im Ganges anziehend. Das war der verderbliche Einfluss der Exotik auf mein Gemüt – mein ganzes Leben stand ich unter seiner Herrschaft: indischer Tee, indische Gewürze, indisches Kleid, indisches Tuch, noch ein Tuch, kleiner Buddha. Nach meinem Dahinscheiden, meinem Erlöschen, wie ihr es alle so poetisch umschreibt, sehe ich die Welt illusionsloser. Das Ganges-Wasser und das Spree-Wasser kommen mir nass und kühl vor, meine Asche würde in beiden Flüssen Klumpen bilden und schnell auf den Boden sacken.

Was soll ich im Flussbett? Dann schon lieber in der geschützten Urne.

Unerwartet und viel zu früh, wie der Redner euch bestimmt gerade erzählt, bin ich überhaupt nicht gestorben. Seit Jahren erwarte ich, genauer gesagt, erwartete ich meinen Tod.

Ich will nicht sagen, dass ich meinen Tod herbeigesehnt hätte. Aber ich hielt ihn nicht mehr für unmöglich.

Das war das Entscheidende.

Ich war seitdem jeden Tag ohne Unterbrechung davon überzeugt, dass ich einmal sterben muss. Wer von euch glaubt das wirklich von sich – im Innersten? Na?

Du glaubst es auch nicht, Derden. Du magst gar nicht in die Richtung meines Sargs sehen, es könnte dich sonst auf unangenehme Gedanken bringen. Wie ich jetzt wohl im Sarg aussehe. Lieber erinnerst du dich nur an mich.

Ich hatte oft genug aufs Sterben gewartet. Unerwartet war es also nicht. Vor einer Narkose dachte ich jedes Mal, vielleicht wachst du nicht wieder auf, dann ist das jetzt der letzte bewusste Atemzug, der letzte bewusste Blick in die Augen des Narkosearztes. Und den interessieren in diesem Moment nur meine Pupillendurchmesser. Das Leben ist vielleicht zu Ende, und die letzte Chance, einem fremden Menschen ohne Worte ganz nah zu sein in einem Blick, verpasse ich wegen seiner andersgearteten Interessen: meine Schmerzfreiheit und mein Kreislauf. Danach sein starker Kaffee.

Aber aus so etwas bin ich immer wieder aufgewacht. Im Grunde genommen wusste ich das auch, denn ich machte vorher ja nicht einmal ein Testament.

Nun stehen Sie an meinem Sarg, Frau Becker, und ich nicht an Ihrem, wie Sie immer glaubten.

Dir, Derden, habe ich von ihr erzählt, einer Zimmernachbarin im Krankenhaus, aber du wirst dich nicht mehr daran erinnern.

Sie schrieben vom Tag Ihrer Aufnahme an jeden Tag in Ihr Tagebuch, Frau Becker, ein rotes, in Leder gebunden, im Nachttisch verwahrt. Am Tag vor Ihrer Brustamputation schrieben Sie in dieses Buch, so groß wie ein Brigade-Tagebuch, Ihr Testament. Und zwar mit Anrede: »Lieber Uwe, wenn Du dies findest, bin ich tot usw.« Sie weinten dabei, Sie wussten auch, dass wir Ihnen alle beim Testamentschreiben zusahen. Aber Ihrem Mann, dem Uwe, sagten Sie davon keinen Ton, als er eine Stunde vorher, außerhalb der Besuchszeit, an Ihrem Bett saß. Sie machten sogar Witze mit ihm. Nur eine Stunde später schrieben Sie in Ihr Testament: »Wenn etwas schiefgeht in nächster Zeit, denke bitte an Folgendes, lieber Uwe: Meinen Schmuck nimm bitte in Verwahrung. Nicht für meine Nachfolgerin, sondern für die Kinder. Hebe ein paar persönliche Sachen von mir für die Kinder bitte auf als Erinnerung für sie. Das war es. Lebe wohl, behalte mich lieb und vergiss mich nicht.« Dann kam die Unterschrift.

Sie können doch nicht ernsthaft geglaubt haben, dass Sie an der Brustamputation sterben?

Danach wird es doch erst ernst. Wenn die Chemie kommt oder die Bestrahlung oder ein Knoten woanders.

Wie ein Leben zusammenschnurren kann, auf einen Ring, den Ihre Nachfolgerin nicht tragen soll. Vielleicht will die ihn gar nicht.

Und überhaupt: Nachfolgerin! Als ob einem eine andere Frau nachfolgen könnte. Es gibt sie doch schon, sie lebt irgendwo, vielleicht ganz vergnügt, schläft gerade mit jemandem oder isst ein Eis mit Ananas.

Warum sollte sie meine Amethyst-Ohrringe nicht tragen? Sie wird sich hüten, zum Beispiel dich, Derden, unnötig an mich zu erinnern.

Und warum würdest du wollen, dass sie sich erinnert? Dies Testament war ein Appell, Frau Becker! Du liebst mich nicht genug, ich muss verhindern, über den Tod hinaus, dass du eine andere liebst. Und was persönliche Sachen zur Erinnerung betrifft: eine Haarlocke? Von der Dauerwelle, gefärbt?

Was gehört Ihnen denn ganz allein?

Was gehört mir denn ganz allein?

Vielleicht, wie ich lachte, wenn ich sehr, sehr traurig war. Da hat sich mancher erschrocken. Und du, Derden, hast mich nachdenklich angesehen. Aber ist das eine persönliche Sache, die man aufheben kann? Erinnert euch an mein Lachen, die Bücher könnt ihr euch nehmen. Wir haben sowieso alle die gleichen Bücher.

An den gleichen Büchern in den Regalen haben wir uns ja sogar gegenseitig erkannt, wenn wir uns zum ersten Mal besuchten. An den gleichen Schallplatten.

Derden, wir hatten auch alles doppelt, als wir zusammenzogen: Mahalia Jackson, die Synagogengesänge, *Das Wohltemperierte Klavier*. Wir haben uns an den zu großen dunkelgrauen Shetland-Pullovern erkannt. All diese Erkennungszeichen müsst ihr nun verteilen.

Aber was in den Schränken und den Kartons aufbewahrt ist, wird euch verwirren. Mit den

Fotos wird es am einfachsten sein, nehmt, was ihr kennt oder wen ihr erkennt. Doch die vielen unbekannten Gesichter. Was macht ihr mit denen, die euch alle ansehen und die ihr nicht kennt. Auf der Straße seht ihr sie doch auch nicht an, warum solltet ihr eure Schubladen mit ihnen füllen?

Und eigentlich ist es ungerecht, »euch« zu sagen. Du, Barbara, nimmst Menschengesichter in dich auf. Mit frontalem Blick, und manchmal füllen sich deine Augen mit Tränen, weil dich etwas in dem andern Gesicht rührt.

Du gehörst ja auch zu den Menschen mit den durchbrochenen Horizonten. Den Menschen, die nicht zu sind. Wir waren uns nah, aber du bist mir nicht gefährlich geworden.

Etwas muss einbrechen in unsere hermetisch geschlossene Welt, und dieser Horizont wird nie wieder ganz zuwachsen. Wenn man jemanden trifft, dem es auch so geht, werden immer fünfstündige Gespräche daraus. Bei dir, Barbara, war es dein Mann, aus einem anderen Erdteil, und bei mir war es die Krankheit. Weißt du, dass wir beide danach gesprungene Herzen hatten, wie im

Märchen, und den Prinzen mit den Samthandschuhen ersehnten?

Wir beide haben uns erkannt an den Tränen zur Unzeit, an den überraschenden Tränen, mitten im Satz. Mit Ausnahme der Kinder alles loslassen können, so wie du es getan hast, Barbara, ich hätte das auch gemacht. Dieses Leben auf dem Trittbrett eines sehr schnell fahrenden D-Zugs, ich kann es verstehen und hab es auch selbst geführt. Einen Mann irritiert das, er ist bei Frauen wie uns auf dem Prüfstand, sein Leben auf der Teststrecke, nicht im warmen Nest. Es gibt Frauen, die dieses Bedürfnis besser befriedigen können als wir, Barbara. Als dein Mann ohne Gefahr an Leib und Leben wieder in seinem Land leben konnte, ging er dorthin zurück, obwohl ihr euch beide auf sein lebenslanges Exil eingerichtet hattet, hier bei uns. Du bist ihm gefolgt mit den beiden Mädchen, obwohl dich viele warnten. Ich habe dich nicht gewarnt, ich habe dich beneidet, nicht um den Mann, nein, um deine Hoffnung und dass du sie selbst überprüfen konntest.

Du hast bei ihm gelebt, bis du die Hoffnung aufgegeben hast, nicht in ihn, sondern in die Vernunft der politischen Verhältnisse. Als im Schulhof die Mauer gebaut wurde, damit sich Jungen und Mädchen nicht mehr sehen können, als deine große Tochter fasten und auch die Kleine wie ihr alle das Kopftuch und den langen Kittel tragen musste, als die Hausdurchsuchung kam und die Verhaftungen sich häuften, als dein Mann dich beruhigen wollte, kamst du hierher zurück mit den Töchtern, suchtest dir Arbeit, schicktest die Kinder wieder in eine Schule, in der sie neben Jungs sitzen durften. An dem Tag, an dem du von seiner Verhaftung erfuhrst, kamst du zu mir und erzähltest mir lachend davon. Nun müsse man mit allem rechnen, mit Freilassung schon morgen oder mit der Hinrichtung. Man könne sich an nichts Feststehendes halten. Und er sei noch gekränkt gewesen, als Mann, du lachtest, dass du entschieden hattest, wann du gehst, und er sich fügen musste.

Dieses Lachen über Absurdes, unser einziger Schutz, Barbara. Ich sah in deinem Lachen, dass du ihn mehr liebtest als dein eigenes Leben, aber deine Kinder noch ein kleines bisschen mehr als ihn. Um diese Brücke zum Leben habe ich dich beneidet. Warum muss ich jetzt denken, wer ist gekommen, wer sitzt neben wem, wer ist traurig, wer gleichgültig?

Als ob ich erst jetzt eure wahre Einstellung zu mir erkennen könnte.

Aber warum solltet ihr ausgerechnet heute, in dieser knappen Stunde, echt sein? Gerade heute nicht.

Was habe ich denn gemacht, wenn ich zu einem Begräbnis musste? Die schwarzen undurchsichtigen Winterstrumpfhosen, den schwarzen Rock, den schwarzen Samtpullover, den schwarzen Mantel angezogen, dann die schwarze Wimperntusche entfernt, uneitel, uneitel. Und nach der Rückkehr noch im Flur alles ausziehen, hinwerfen und in die Badewanne steigen, sogar die Haare in den Schaum tauchen, den ganzen Körper in das warme duftende Wasser, nur um mich von der Vorstellung des weißen Gesichts mit den geschlossenen Augen im Sarg zu befreien, von dem geringen Unterschied zwischen Atmen und Nichtatmen.

Es ist so ein erschreckend kleiner Unterschied.

Wenn man die Kontrolle über sich ein wenig lockert, kann man schon tot sein.

Nur die dünne Trennwand zwischen Vorstellung und wirklicher Handlung einmal umwehen lassen, und du bist tot.

Auf das Fensterbrett des Hochhauses steigen und in der Sonne mit ausgebreiteten Armen nach unten fliegen oder neben einem Autostrom laufen und sich plötzlich in ihn stürzen oder das elektrische Kabel berühren. Dieser Sekundenbruchteil Hingabe an das Unbekannte, den Rausch, den Schmerz, einmal nur der eigene Körper sein, ganz und gar. Dieses Loslassen von allem, auch von den Kindern, Barbara!

Ich habe diesem Bedürfnis nur einmal in meinem Leben nachgegeben, aber die Sehnsucht danach, Barbara, hatte ich jahrelang. Es ist ein ansteckendes Bedürfnis.

Die davon Befallenen müssen sich voreinander schützen.

Die zarten, zerbrechlichen Körper dieser Menschen. So wie deiner, Janos!

Ich glaube, du bist der einzige in diesem Raum, Janos, der verstehen könnte, warum ich tot bin. Aber es wäre nicht gut für dich. Du hast schon zu lange in deiner Laube gesessen, im Schnee, keine

Fußspuren ums Haus, du hast schon zu lange den drei Raben zugesehen mit den langsamen Schwingen, der Polizist umkreist schon mit dem Moped in immer kleineren Kreisen deine Behausung. Bald wird der Bagger kommen und dich zwingen, aufzustehn und zu gehn, nur mit der Umhängetasche. Darin ist wirklich alles Lebenswichtige. Aber heute, Janos, wie du so dasitzt, mit den vielen Hemden und Pullovern übereinander, in der alten Chauffeurjacke aus gebrochenem Leder, du frierst trotzdem, siehst du auch etwas erleichtert aus. Ja, das ist das richtige Wort.

Ein Mitwisser ist tot. Eine Mitwisserin deiner Gedanken. Das war dir doch die ganze Zeit schon unheimlich. Jemand, der weiß, dass du eigentlich nicht mehr leben willst, wir haben darüber niemals gesprochen, aber an deinem Blick hatte ich dich sofort erkannt. Sie scheinen wohl noch irgendetwas in diesem Leben ernst zu nehmen?, schien er zu fragen. Ich sah das richtig aus deinen Augen kommen, diesen spöttischen, trotzigen. Nicht enttäuscht, wissend. Ein Leben ohne Netz. Nicht ihr herrscht über mein Leben, auch Du, Gott, hast keine Macht über mich, ich ganz allein – ja, das hast du gedacht –, ich kann, wenn ich will, mein Leben beenden, wann ich es für richtig halte.

Ich habe den seidenen Faden gesehen, der dich noch am Leben hielt.

Ein Zwilling, dachte ich, das ist ja wieder ein Zwilling, und freute und ängstigte mich zugleich. Ein Zwilling, der zwanzig Jahre jünger ist und mich mit Sie anredet, das wird mich schützen.

Ich habe dir kein Wort von mir erzählt und dir darum das Erschrecken erspart: Sie hängt ja auch nur an einem seidenen Faden. Ich wusste, du willst den Weg nicht allein gehen, Weg hast du es sowieso nicht genannt, du brauchtest noch einen zweiten Menschen dazu.

Aber ich habe mich nicht zu erkennen gegeben, nicht einmal einen Tee habe ich dir gemacht wie dem gleichgültigsten Besucher in unserer Wohnung. Wie eine erwachsene Frau habe ich mich benommen, das Buch zurückgestellt ins Regal und über die Schulter gefragt: Möchtest du ein anderes Buch mitnehmen? Dies hier? Du hattest es natürlich schon gelesen und sagtest hochmütig: Schönen Dank, ich sag Ihnen schon, wenn ich eins borgen möchte, das ich mir anders nicht besorgen kann. Nur nicht abhängig sein, nur nicht dankbar sein müssen. Oh, wie mir das bekannt war. Dein Problem, sagte ich und verabschiedete dich. Eins zu eins, dachte ich, als ich hinter meiner Korridortür stand und dich die Treppe in Absätzen hinunterspringen hörte.

Wie oft in meinem Leben bin ich einem solchen Zwilling begegnet. Ich wusste immer alles über diese Zwillinge, noch bevor sie den Mund aufmachten.

Sogar auf dem Bildschirm erkannte ich sie. Auch wenn ich während eines Interviews den Ton wegdrehte, verstand ich, was sie meinten.

Mein Zwilling richtet seine großen Augen aufmerksam auf den Gesprächspartner, forschend, ob der ihn wirklich ernst nimmt. Beim Antworten sieht er weg von ihm, um sich besser zu konzentrieren und von der Angst abzulenken, die bestimmt käme, wenn er ihm in die Augen sähe. Ihm fehlt dieses Insichruhende. Ich erkannte ihn an seinen unglücklichen Gedanken: Wenn jemand ihn zu achten vorgibt, muss er sich irren. Wenn jemand sagt, dass er ihn liebt, kann er nur verblendet sein. Wie schnell und demütigend wird das Erwachen sein. Also lieber von Anfang an nicht daran glauben. Mein Zwilling wird sehr geachtet, weil er es zu etwas gebracht hat, und er wird sehr geliebt, weil er Abstand hält, nicht überwältigt, dem andern scheinbar die Freiheit der Wahl lässt.

Mein Zwilling und ich. Beide hatten wir immer Angst voreinander. Uns war unheimlich, und wir haben das Weite gesucht.

Mein Zwilling war immer ein Mann.

Eineiig waren wir, was natürlich nicht logisch ist, ich weiß – Derden. Ich war die zuerst Geborene unter uns vielen Eineiigen, ich habe es mir jedenfalls zeitlebens – wie sich das anhört: zeitsterbens, zeittodes – eingebildet.

Ich habe mir eingebildet, dass ich schlauer bin, etwas schlauer als meine Zwillinge, und die Gefahr darum als erste erkenne. Vorsicht, dachte ich, da tappte mir der andere noch entgegen. Vorsicht, dachte ich, und ging rückwärts. Aber das warnte ihn nicht, meinen Zwilling, das beruhigte ihn. Endlich einmal eine Frau, die ihn nicht auffressen wollte.

Es hätte viel schlimmer kommen können, das wusste ich doch.

Das Gefährlichste waren meine überraschten, erkennenden Augen, bildete ich mir ein, also senkte ich den Blick.

Aber die Stimme blieb und die Zunge, die von etwas ganz anderem redete, nur etwas zu schnell und etwas zu lustig, als dass er mir hätte glauben können.

Janos, auch an dir habe ich die Verzweiflung erkannt, die nach sehr großer Hoffnung kommt. Den Stolz, diese Verzweiflung zuzugeben. Lieber tot sein als hilflos.

Mein erster Zwilling forderte mich beim Tanzstundenabschlussball auf. Ich hatte es mir so sehr gewünscht, doch nicht ein einziges Mal während der Tanzstundenzeit hatte er es getan.

Er hatte meine dunkelgrauen Augen und mein struppiges braunes Haar, meine Größe.

Wir tanzten, ohne dass er mich führte.

Wir tanzten zum ersten Mal zusammen.

Natürlich gewannen wir den Preis. Und mein richtiger Tanzstundenherr saß, hellblond, mit schwarzen Augen, und sah zu. Mit ihm hatte ich vorher die erlernten Tanzstundenschritte ausgeführt; wir traten uns nie auf die Füße. Aber wir waren gegangen, versteht ihr, ich möchte euch das so gerne erklären, wir waren gegangen, etwas drehend, gut, links zwei drei und Wiegeschritt: Doch mit diesem hier tanzte ich – er, dieser struppige Dunkelgraue, hielt mich, nicht zu fest, nicht zu locker, sah mich mit seinem spöttischen wissenden Lächeln an, er fünfzehn, ich vierzehn. Und plötzlich erkannte ich, dass ich es schon die ganze Tanzstundenzeit gewusst hatte: Wir waren uns ähnlich.

Sogar seine knochigen Hände hatte ich.

Seine schrägen Augen, seine Backenknochen, sein starkes Kinn, alles war mir aus dem Spiegel vertraut. Er brauchte nichts zu sagen.

Und weil ich auch nichts sagte, keine Andeutung meines Körpers, ohne Sehnsucht und Werbung in meinem Blick, ließ er mich mit dem andern, dem Vorherbestimmten, nach Haus gehen.

Er stand am Ausgang des Tanzsaals, im Gespräch, und sah weg, als wir gingen.

Den Strauß meines Tanzstundenherrn hielt ich ungeschützt in den Händen, in der Kälte erfroren die Alpenveilchen, am nächsten Morgen hingen sie weich über den Glasrand.

Mit diesem meinem ersten Zwilling sprach ich keinen Satz. Ich sah ihm nur später beim Volleyballspiel zu. Ja, so verwegen spielte ich auch, so hoffnungslose Bälle versuchte ich auch immer noch zu bekommen. Und ich wäre auch zu stolz gewesen, nach mir, der Zuschauerin, zu sehen.

Die Liebe zu sich selbst ist zu groß.

Mein Zwilling und ich, wir suchen uns Menschen vom anderen Ufer. Da sind Menschen, die sich vergessen können.

Die lieben können.

Die einen Kompromiss suchen und finden.

In deren Wärme wir hineingehen können.

Sie heizen für uns den Lebensofen, bauen die Zimmerwände um uns herum. Und wir bringen die Kälte des Weltraums in ihr Leben.

Ich rede plötzlich in der Gegenwart, für mich ist es vorbei, ich werde nicht mehr behütet und gewärmt. Aber du, Derden, wirst dir wieder eine solche Frau wie mich suchen.

Am liebsten würde ich hineinschlüpfen in den Körper einer Ruhigen, Vernünftigen, die dir bisher noch nicht aufgefallen ist, und würde dich verlocken in das Café mit den geschliffenen Spiegeln. Ich würde dich locken an die Steilküste vom Kap Arkona, bis an den Abgrund, weiter, als ich darf, und mich von dir zurückhalten lassen mit deinen warmen Händen, Derden – mein Zwilling nämlich hätte kalte in dem Moment. Er müsste die Augen schließen bei dieser Versuchung.

Aber vielleicht hast du dich bei mir auch ein wenig geschützt gefühlt? Es würde mich beruhigen, denn ich habe nicht darauf achtgegeben. Wenn ich dich jetzt ansehe, Derden – vielleicht bin ich dir sogar ähnlich geworden. Denn das Leben war mir in den letzten Jahren, in den Jahren, in denen wir zusammenlebten, manchmal kostbar. Schon der Gedanke, dass es einmal zu Ende sein könnte, machte mir dann den Hals eng.

Ich hatte mich etwas auf das Leben eingelassen.

Und in diesem Frühjahr stellte ich sogar die Zimmerblumen auf den Tisch vor dem großen Fenster, sodass wir wie in einem Treibhaus saßen, bizarre Formen zwischen uns und dem Garten draußen. Niemand wird es mir glauben von euch allen hier, aber ich habe in diesem Jahr zum ersten Mal zugesehen, wie sich die kleinen Blättchen jeden Tag zur Sonne drehten, die samtigen kleinen Blätter mit dem bläulichen Grün. Ja, ich habe begonnen, Wurzeln zu schlagen, ich habe begonnen, die Bücher der letzten Jahre in meinen Regalen zu ordnen, die, die ich zuerst lesen wollte, stellte ich sogar extra. Mir kamen die Tränen, wenn ich einen Ort verließ, den ich vielleicht nie wieder sehen würde.

Ich begann – banal, aber es war ein Zeichen – die Gläser abzutrocknen, damit sie keine Wasserflecken hatten.

Ich habe mich auch mit Menschen unterhalten, die ich früher gar nicht bemerkte. Mit normalen Menschen, wie du sie nennst, Derden. Menschen, die am Freitag einkaufen, am Sonnabendvormittag sauber machen und am Sonnabendabend baden vor der einmal wöchentlichen Pflicht. Menschen, die ihre Wände tapezieren und um 12 zu Mittag essen. Ich habe es versucht.

Ich habe versucht, den Abstand zu ihnen zu verringern. Ich habe versucht, kleine Saugnäpfe ans Leben zu setzen. Und dadurch bin ich abhängiger geworden, ja. Ich habe Gefühle gespürt, die ich vorher nicht zuließ. Derden, ich war sogar eifersüchtig auf dich, denn ich spürte auf einmal die Wärme und Anziehung der unauffälligen normalen Frauen, nicht unauffällig, das ist das falsche Wort, der Frauen, die kein Theaterstück aus ihrem Leben machen, die nicht neben sich stehen, wenn sie weinen, und sich gleichzeitig zusehen und kommentieren. Ich habe gesehen, dass sie lebensfähiger sind als ich. Sie haben keine Saugnäpfe am Leben, sondern sie stehen auf der Erde und verteilen alles Wichtige.

Und es gibt auch Männer, die auf der Erde stehen und nicht am Abgrund, Männer, die wirklich etwas verändern, und wenn ihr Leben noch so beengt ist – sie machen weiter, für sich.

Derden, du standest auch nicht ganz auf dem Boden, aber du warst ihm näher als ich.

Ein Traum vor Kurzem war traurig. Wir standen auf dem Bahnhof, du stiegst in einen Zug und nahmst eine Frau mit, ich kannte sie nicht, es war eine weite Fahrt, und du sagtest entschuldigend zu mir: Sie liebt mich mehr als du.

Das war in Wirklichkeit nie ein Gesprächsgegenstand zwischen uns gewesen, erinnerst du dich? Aber seit ich die Saugnäpfe am Leben hatte, überkam mich diese Angst öfter: Was wird, wenn du eine Frau findest, die sich und dich nicht so beobachtet, wie ich es tat, die selbstverständlicher lebt, wärmer ist?

Im Traum habe ich es in Liebe übersetzt.

Vielleicht liebte ich das Leben mehr, seitdem ich nicht mehr so genau Bescheid wissen wollte, seitdem ich zugeben musste, dass es Dinge gab, die ich nicht vorhergesehen hatte. Es war mir davor bis zur Qual, bis zur Hochspannung wichtig, dass ich Herrin über mein Leben war.

Siehst du, das habe ich gleich gewusst, das kam mir doch gleich so komisch vor, als sie ihn ans Telefon holten, ich hatte so ein Gefühl, als ob sein Bruder gestorben wäre – dabei gab es dafür überhaupt keinen Anhaltspunkt. Mit meterlangen Antennen lief ich umher, mit Wünschelruten, Radarschirmen und Seismografen, um bloß keine Gefahr zu übersehen, um jede drohende Feindseligkeit zu bemerken, jede Ähnlichkeit, die Nähe versprach. Mit dem Satz »Das habe ich vorher gewusst« wollte ich mich schützen gegen Ränke und Untreue. Die Menschen sollten gewarnt sein: Der können wir nichts vormachen. Aber weshalb war das wichtig, frage ich dich – diese Frage stelle ich zu spät –, ich hätte mich doch immer noch wehren können, wenn es so weit gewesen wäre.

Ach, ich habe mein Leben und auch deins beschwert. Mit Vorausgedanken.

Zwei Arten von Loslassen, das weiß ich jetzt, es gibt zwei Arten: die eine wie in der Zirkuskuppel, wenn man loslässt zum Salto mortale, durch die Luft fliegt mit dem Vertrauen, aufgefangen zu werden vom anderen. Manche Menschen leben in dieser selbstverständlichen Geborgenheit von Kindheit an. Dann das andere Loslassen: aus Stolz. Den Telefonhörer auflegen, das Gespräch abbrechen, aus dem Zimmer gehen, alles stehen- und liegenlassen, sich umbringen. Aus tödlicher Verletzung. Der Tod kann nur Beruhigung bringen, denkt man. Ein Fehlschluss, nun weiß ich es. Aber er hat mir auch geholfen, mit meiner Krankheit geduldig zu leben.

Ich habe mich nur gewundert, dass der Tod auf diese schleichende Weise kommt.

Mich übertölpeln wollte.

Der Tod will über mich bestimmen, dachte ich.

Ich kam mir wie ein Kind vor, das einen strengen Vater hat, dem es sich beugen muss. Aber ich habe diese Erfahrung mit einem solchen Vater gar nicht gemacht, ich war auf dieses Gefühl nicht vorbereitet. Es traf mich als Erwachsene, die ihr Leben freiwillig eingerichtet hat und nun darauf hingewiesen wird, dass sie nicht voll über ihr Leben bestimmen kann.

Damals habe ich die Selbsthilfegruppe ins Leben gerufen. Bin einfach zur Geschwulstberatungsstelle gegangen und habe es der Fürsorgerin vorgeschlagen. Ich wollte sehen, wie die anderen es schaffen.

Wir schrieben an die Frischoperierten und luden sie zu einem ersten Gespräch ein. Sie, Frau Becker, kamen einige Wochen später, weil Sie noch einmal ins Krankenhaus mussten zur Chemotherapie. Und als Sie zum ersten Mal in unserer Gruppe waren, nahmen Sie die Perücke ab und weinten: Ihr Mann hatte Sie verlassen, und Sie gaben sich die Schuld.

Vielleicht haben Sie sich wirklich zu sehr beherrscht in Ihrer Angst und in Ihrem Kummer.

Dem war er nicht gewachsen. Dass Sie schwiegen, hielt er nicht aus.

Aber ich sehe, heute sind Ihnen ja Haare gewachsen, seidige kurze dunkelblonde Haare.

Was wir für Absagebriefe bekamen, weil die Menschen nicht an ihre Erkrankung erinnert werden wollten. Nein, lieber stark wirken:

Da ich durch meinen Beruf viel Verbindung mit der Öffentlichkeit habe, möchte ich in meiner Situation lieber in der Anonymität bleiben.

Oder: Ich bin berufstätig und habe eine sehr liebe Familie. Wir leben alle in allerbester Harmonie. Ich bin dadurch voll ausgelastet und glücklich und zufrieden. Aus all diesen Gründen sehe ich keinen Grund, an Ihrem »Treff« teilzunehmen. Ich bewundere Sie und wünsche Ihnen alles Gute.

Oder: Vielen Dank für die Einladung zu diesem Treffen. Ich möchte Ihnen mitteilen, dass ich kein Interesse dafür habe. Ausrufungszeichen. Außerdem bin ich voll berufstätig und noch kein »Rentner« – ich habe zwei kleine Kinder und noch einen Mann zu Hause. Meine Freizeit möchte ich auch nicht mit Krankheitsthemen ausfüllen, außerdem finde ich solche Treffen unsinnig – denn jeder Mensch muss selbst mit seinem Schicksal fertig werden.

Ich rede überhaupt nicht über die Krankheit, Derden. Du weißt, das war nicht unser Problem. Man kann Zucker haben, an die künstliche Niere müssen, man kann plötzlich gelähmt sein, auch plötzlich tot. Den Tod habe ich immer erwartet. Ich hatte mein Leben unter Kontrolle und machte fast keine Fehler. Aber ich träumte von ihnen. Als es die DDR noch gab, träumte ich zum Beispiel, der Papst wäre im Land. Zu Besuch. In der Zeitung stand es wohl. Gesehen hatte ich ihn noch nicht. An unserer Wohnungstür klingelte es. Draußen standen Warner. Sie sagten, ich solle sofort fliehen, weil man mich schon suche und verhaften wolle. Mir solle der Prozess gemacht werden, weil ich den Papst falsch gegrüßt hatte. Ich konnte mich an nichts erinnern, aber die Warnung nahm ich ernst. Ich laufe zu deiner Arbeitsstelle, Derden. Du bist allein in deinem Zimmer, ich berichte dir schnell über die Anschuldigungen, die Gefahr und meinen Plan, auf die Insel Hiddensee zu fliehen, das ist das Äußerste, was ich mir an Fluchtmöglichkeiten vorstellen kann, du solltest alle Mitwisserschaft an meinem vermeintlichen Vergehen leugnen, um dich nicht selbst in Gefahr zu bringen. Zum Glück erreiche ich noch die letzte Fähre, die unkontrolliert von Stralsund zur Insel Hiddensee fahren darf. Dort fühle ich mich sofort wohl, über der Ostsee liegt herbstliche Abendsonne. Ich unterhalte mich mit einer Frau. Wir sind freundlich, fast zärtlich miteinander. Gottseidank ist sie kein Mann, denke ich erleichtert, du könntest meine Flucht sonst missverstehen. Wir hören die Abendnachrichten, dort wird gemeldet, dass der Papst die DDR wieder verlassen hat. Mir ist ohne zusätzliche Meldung, zum Beispiel über eine eventuelle Amnestie für dem meinen ähnlich geartete Verbrechen, klar, dass ich nun nicht mehr verfolgt werde, dass auch niemand von den Verfolgern noch daran denkt, dass ich also nun auch in ihren Augen den Papst nicht falsch gegrüßt habe. Ich packe meine Sachen und fahre nach Berlin zurück. Erleichtert bin ich doch, denn noch vor einer Stunde wäre ich, wenn sie mich gefasst hätten, des Todes gewesen. Wahrscheinlich standrechtlich.

Ja, so ist das mit dem Prestige nach außen, sagtest du, Derden, als ich dir den Traum erzählte. Und der Nervenarzt meinte: Jetzt geht es Ihnen gut, nun nehmen Sie nicht einmal mehr den Papst in sich selbst ernst.

Beim Frühstück hörte ich damals den Bericht über ein neu erschienenes Buch. Es enthielt alle vorgeschriebenen Anreden. Den Papst, sagten sie, könne man nach der Lektüre des Buches nun auch richtig anreden: Heiliger Vater oder Eure Heiligkeit.

Da konnte ich ihm in der ganzen Welt begegnen, nicht nur bei uns im Osten, ohne den Behörden Ungelegenheiten zu bereiten.

Als ich in dem Auto saß, die Straße war etwas überfroren, fuhr ich vielleicht etwas zu schnell.

Aber es hätte nicht tödlich enden müssen.

Als das Auto ins Schleudern kam und in den Straßengraben, gegen den Baum fuhr, der Tank Feuer fing und ich immer mehr schleuderte, habe ich diesem Rausch zum ersten Mal nachgegeben.

Mit Vollgas aus dem Leben. Verzeih mir bitte, Derden. Ich konnte der Versuchung nicht widerstehen, es war wunderbar.

Einmal ohne Kontrolle.

An einem Totensonntag sah ich im Kirchenfunk vor dem Gottesdienst eine Sendung über eine Wippe und die Zuflucht in einer Scheune: Eine Frau, die über den Unfalltod ihrer beiden Söhne, ihrer beiden einzigen Kinder, nicht hinwegkam, immer wieder zu deren Grab ging, lange dort stand, sich ganz verschlossen hatte, fiel dem Friedhofsgärtner auf. Der erzählte es dem Pastor. Die beiden schlugen der Mutter zur Hilfe etwas Symbolisches vor: Sie bauten am Eingang des Friedhofs für sie eine Wippe auf, längs, nicht quer, mit einem Geländer an der Seite zum Festhalten. Sie konnte nun aus der Welt des Lebens auf der Wippe bis zum Scheitelpunkt emporgehen, bei weiteren Schritten senkte sich die Wippe wieder zur Erde, und wenn sie am Ende den Schritt wieder auf die Erde machte, war sie in der Welt des Todes. Von dort konnte sie zu den Gräbern ihrer Kinder gehen und um sie trauern. Wenn sie aber zurück über die Wippe ging, war sie an deren Ende wieder in der Welt des Lebens. Dass es diese Welt des Lebens überhaupt noch gab, hatte die Mutter ganz vergessen. Sie überlegte, was sie in dieser Welt des Lebens noch anderes Tröstliches machen könnte, kaufte sich einen Farbtopf mit roter Farbe und einen breiten Pinsel und schrieb damit an die Scheune gleich gegenüber ihres Hauseingangs den Satz »Der Tod hat nicht das letzte Wort.« Sie fegte die Scheune aus, machte einen Anschlag im Ort mit der Einladung an alle, die einsam oder traurig waren, jeden Sonntag um 15 Uhr in die Scheune zu kommen und dort einen Kaffee zu trinken. Niemand müsse mit den andern reden. Schön wäre es, wenn jeder einen Hocker oder einen Stuhl oder einen Campingtisch oder eine Tasse oder eine Thermoskanne mit oder ohne Kaffee mitbringen könnte, denn im Moment sei die Scheune noch leer.

Die so freundlich Eingeladenen kamen dann wirklich, so sagten sie es der Fernsehreporterin, seit Monaten immer sonntags um drei Uhr nachmittags dorthin, konnten schweigen, manchmal allein am Tisch sitzen, und freuten sich schon die ganze Woche auf den Termin in der Scheune.

Von Sonntag zu Sonntag eine kleine Hoffnung.

Der Tod hatte bei ihnen nicht mehr das letzte Wort.

Bis eben habe ich an Derdens Pflegebett gesessen und den kleinen Lautsprecher, über Bluetooth verbunden, auf seinen Nachttisch gestellt, neben den Bronzeengel, den eigentlich die Palliativleute den Sterbenden in die Hand geben als Versprechen, dass nur das irdische Leben zu Ende gehen wird, neben das Schnapsglas für die schmerzlindernden Tropfen, neben den Trinkbecher mit dem Deckel und der Tülle, neben die Packung mit Taschentüchern und neben die Nachttischlampe, die Brille und die dunkelviolette verzierte Samtmütze, die ich im Museumsshop des Münchner Völkerkundemuseums für ihn erstand, denn er sollte schon damals seine Kopfhaut vor Sonnenbestrahlung schützen.

Eine Kollegin fand ihren Mann, dessentwegen sie in den Achtzigern in die Bundesrepublik ausreisen durfte, an einem Vormittag tot – sie war nur kurz beim Bäcker gewesen. Am nächsten Tag sollte er operiert werden, wobei man die Augenhöhle gelassen hätte, schon am nächsten Vormittag hätte er nur noch sein halbes Gesicht gehabt. Er hatte davon erst zwei Tage vorher erfahren.

Wie kann man so schnell sterben, wenn man sich nicht selbst umbringt, dachte ich, fragte sie aber nicht.

Auf der YouTube-Webseite spielte ich Derden zwei Lieder von Reinhard Mey vor: das mit dem Rat, nun ruhig, am Lebensende meint er wohl, das Ruder loszulassen, sich ganz dem Fluss anzuvertrauen, und das Lied mit dem Refrain: *Was für ein glücklicher Mann bin ich.*

Als ich seine Schläfe küsste, spürte ich, dass er wie ich ergriffen war.

Einmal, als wir beide noch aus dem Haus gingen, besuchten wir das Grab eines Mannes zwei Mal in einem Jahr.

Beim ersten Mal, im Juni, lagen noch die vielen Kränze und Blumen von seiner Beerdigung dort, schon etwas verwelkt in der Hitze. Auf der Schleife an einem großen Sommerblumenstrauß standen die Vornamen seiner Frau und seiner beiden Kinder, so zusammengerückt, als ob sie alle drei seine Kinder gewesen wären. Wir waren nicht zu seinem Begräbnis gegangen, obwohl wir von mehreren Seiten von seinem plötzlichen Tod gehört hatten.

Doch ich fürchtete mich so vor dem Schmerz seiner Frau am Grab.

Die Kirche mit dem Friedhof steht auf einem Hügel neben der Kopfsteinstraße, abseits vom Dorf.

Der junge Pfarrer aus dem Nachbardorf hatte uns von den Umständen des Todes erzählt und auch einen Zeitungsartikel gezeigt, in dem der Bürgermeister einer anderen Gemeinde die Mitbürger des Verstorbenen für mitschuldig an dessen Tod erklärte.

Beide nämlich, der junge Pfarrer und dieser Bürgermeister, waren wiederholt mit einem Kleinbus voller Medikamente nach Bosnien gefahren, hatten vorher Spendengelder dafür gesammelt und waren dabei von dem Verstorbenen unterstützt worden, der so wie viele nach dem Ende der Diktatur in der DDR, damals war er 58 Jahre alt, noch einmal einen Anlauf nahm, heraus aus der Stille, in eine der beiden großen demokratischen Parteien eintrat und sich auch zur Wahl stellte. Er wurde gewählt und arbeitete als Vorsitzender der Sozialausschüsse.

Aber im Mai 1994 musste er sich dann in einer Gemeindeversammlung gegen empörte Proteste seiner Wähler verteidigen: Er hatte dafür gestimmt, dass die Eltern für die Unterbringung und Verpflegung ihrer Kinder im Kindergarten mehr zahlen sollten. Bei dieser Versammlung war er derart hasserfüllten Angriffen ausgesetzt, dass ihn alle Kraft verließ; er fiel tot um.

Alles war infrage gestellt worden: die parlamentarische Demokratie, seine Glaubwürdigkeit, seine Ablehnung der Diktatur in der DDR, seine lebenslangen Bemühungen, vernünftige Kompromisse zu schließen.

Seine Frau traf dieser Tod im Innersten.

Sie war nun 55 Jahre alt.

Sie hatten so aufeinander bezogen gelebt, dass sie sich ohne ihn lebensunfähig fühlte. Sie hatte ihre Stelle als Lehrerin behalten, so wie er, der nach dem Ende der DDR von ihrem Kollegen zu ihrem Vorgesetzten geworden war, denn man hatte ihn als politisch Unbelasteten zum Schuldirektor gewählt. Aber nach seinem Tod meldete sie sich krank und ging nicht mehr zum Unterricht.

Er war es gewesen, der immer versöhnte, wenn sie zu heftig ihre Meinung gesagt und sich Feinde gemacht hatte.

Er war ihre Brücke, ihr Floß zur Welt gewesen.

Nach seinem Tod kam sie aus dem Dorf nicht mehr heraus, weil sie zu stolz war, jemanden darum zu bitten, sie mit dem Auto in die Stadt mitzunehmen.

Und weil sie so starke Brillengläser benötigte, konnte sie keinen Führerschein machen.

Ihre beiden Kinder wohnten schon woanders, in der Stadt.

So war ihr als Verbindung zur Welt nur die Telefonschnur geblieben. Sie bat ihre Tochter, sie möglichst oft anzurufen; wenn sie einmal nicht mehr ans Telefon gehe, werde sie tot sein. Eine andere Hilfe erbat sie nicht und nahm sie auch nicht an.

Die Tochter war voller Sorge, rief täglich an.

An einem Sonntag im Juli, nicht einmal sechs Wochen nach dem Tod des Vaters, meldete sich die Mutter nicht, und die Tochter benachrichtigte die Nachbarin.

Man fand die Mutter tot in der Badewanne.

Sie hatte Schlaftabletten genommen und zur Sicherheit auch noch eine Kerze angezündet, einen Föhn angestellt und ihn über die Badewanne gehängt. Er musste in das Wasser zu ihr fallen und sie töten, wenn die Kerze den Faden verbrannt hatte, der ihn hielt.

Ich erfuhr von diesem symbolischen Tod erst ein paar Wochen später: Bei einem Sommerfest erzählte eine ihrer Kolleginnen davon.

Gesprochen hatten wir diese Frau und ihren Mann eigentlich nur bei zwei Gelegenheiten: Einmal, vor Jahren, besuchten sie uns. Wir hatten damals alle noch kein Telefon, weshalb sie in den Schulferien auf gut Glück mit dem Auto vorgefahren kamen, den Kofferraum öffneten und mehrere Kisten mit Pflanzen zu uns in den Garten trugen. Sie hatten sie von den Stauden in ihrem Garten abgestochen, um sie uns zu schenken.

Sie halfen uns beim Einpflanzen, blieben noch auf einen Tee und erzählten von sich.

Sie hatten davon gehört, dass unser altes, mit Wein, Heckenrosen und Glyzinien bewachsenes, rohrgedecktes Haus durch einen Funkenflug vom Nachbarhaus in Brand geraten und ganz und gar zerstört war, dass nicht nur die Bäume ringsum verkohlt, sondern auch die Sträucher und Blumen des Bauerngartens abgebrochen und zertreten waren, erst von der Feuerwehr, dann von den Baggerfahrern beim Abriss, schließlich beim Neuaufbau, und dass wir zu Ostern in ein nacktes Haus in einem kahlen Garten gezogen waren. Nun wollten sie uns mit den Pflanzen etwas von der Vergangenheit unseres fruchtbaren, durcheinander blühenden Zaubergartens zurückbringen.

Rückblickend will es mir scheinen, als hätten wir uns bei ihrem Besuch nur über ihren Beruf unterhalten: beide Lehrer an derselben Schule.

Einer Schule für lernbehinderte Kinder mit angeschlossenem Internat, da die Kinder von weit herkamen und nicht täglich mit dem Bus nach Hause fahren konnten.

Und weil sie uns zu einem Gegenbesuch eingeladen hatten, fuhren wir, als im Sommer ihre Stauden bei uns blühten, übermannshohe hellgelbe, goldgelbe und blaue Blumen, dann auch zu ihnen, um ihnen davon zu erzählen und uns zu bedanken.

Sie wohnten in einem Einfamilienhaus an einem Schlosspark, der die Schule und das Internat umgab, die in dem ehemaligen Schloss der Grafen Schulenburg untergebracht waren. Und ich erinnere mich, dass ihr Sohn uns am Klavier vorspielen sollte und das eigentlich nicht wollte, dass er aufgeregt war, ganz rot im Gesicht, seine Mutter sich aber durchsetzte.

Danach begleitete sie uns zum Schulgebäude, dessen Fassade damals schon sehr bröckelte. Einige Räume durften wegen Einsturzgefahr nicht mehr betreten werden. Sie zeigte sie uns durch die schadhaften Fenster. Die Dielen waren zum Teil gebrochen.

Anschließend führte sie uns auf einer langen Wanderung auch zu den Gräbern der Schulenburgs, die sie mitten im Wald gefunden hatte und nun pflegte.

An ihren Mann, sein Äußeres, kann ich mich nicht genau erinnern, nur daran, dass er groß war, damals 53 Jahre alt, mit grauen Haaren. Ich habe ihn als ernst, ruhig und warmherzig in Erinnerung.

Seine Frau dagegen sehe ich vor mir. Sie wirkte angespannt, intensiv, sah mich forschend an, wenn ich sie nicht ansah, und wandte dann den Kopf weg. Ihre Haare waren tiefschwarz gefärbt, und sie trug eine starke Brille, die ihre Augen klein machte.

Sie sagte, dass sie Gedichte schreibe.

Nach unserem Besuch schickte sie mir einen Brief, in dem sie mich mit Du anredete, beide Buchstaben in großen Druckbuchstaben, und in dem sie auf unsere identische Geisteshaltung hinwies. Doch der Brief mit seiner unvermuteten Nähe, mit diesem Du in einer Zeit, in der ich zu Fremden niemals Du sagte, sie erst lange Jahre prüfte, erschreckte mich, und ich antwortete, dass ich sie weiter mit Sie ansprechen werde, bis wir uns richtig kennenlernen würden. Aber wir sahen uns nicht mehr.

Sie schrieb nur manchmal zum neuen Jahr.

Ihre Not habe ich damals nicht erkannt und nur mich selbst geschützt.

Heute waren wir nun zum zweiten Mal an seinem Grab.

Auf dem Stein steht jetzt auch ihr Name.

Als einziges Grab auf dem Friedhof war es schon eingedeckt mit Tannenzweigen und winterfesten Blumen.

Sie wollte in der Kälte bei ihm sein.

Es ist alles nur noch außen.

Im Haus ist es totenstill, kein Radio, kein TV, weil Derden bei den ganz leise eingestellten Nachrichten, die ich beim Kochen sonst höre, schon unerträglichen Krach vernimmt.

Dann höre ich eben mit Ohrhörern am Smartphone die Nachrichten in der App.

Derden hielt mich gestern, ganz seriös und distanziert, für eine meiner Freundinnen und fand, dass sie mich imitiert, so ähnlich würde sie mir sehen. Leute, die anrufen, hält er für anwesend, erzählt mir auch, dass meine Freundin da gewesen, ich aber viel netter sei, obwohl auch sie versucht habe, sich um ihn zu kümmern. Manchmal stehe ich in der Tür und gleichzeitig vor seinem Bett. Eigentlich könne das ja nicht sein, aber er sehe mich eben zwei Mal.

Und einmal berichtete er von seiner Frau, der

ich ziemlich ähnele und die so schöne Geschichten schreiben könne.

Abends auf der Bettkante fragte er mich, ob er nicht in den Dienst müsse. Das ganze Leben sei ihm entglitten. Und ich der einzige Mensch, der ihm geblieben sei.

Gestern sagte mir unsere Haushaltshilfe, zwei Mal für zweieinhalb Stunden in der Woche im Minijob, als ich sie fragte, wie lange sie noch bei uns arbeiten könne:

Ich bleibe bei Ihnen, bis zu Ihrem Tod.

Das hatte etwas Heiliges, obwohl sie nicht kirchlich ist. Bis dass der Tod euch scheide, diese Redewendung, nehme ich an, kennt sie nicht. Und doch gab sie uns dieses ernste Versprechen. Der nächste Supermarkt ist zehn Kilometer entfernt, es fährt kein Bus dorthin, wir haben kein Auto mehr, sie kauft für uns ein, will einen WhatsApp-Einkaufszettel. Sie sagt, dies war im Angebot, ich hab Ihnen zur Abwechslung mal Hühnerfleisch mitgebracht, nicht nur Veganes, Sie brauchen diese Gläser nicht aufzuheben, auch die Pappkartons nicht, die nehme ich mit zum Papiercontainer.

Und wenn ich sage, dass ich müde bin und das Geschirr noch nicht in den Automaten geräumt habe, entgegnet sie: Sie sind ja auch doppelt so alt wie ich. Setzen Sie sich einfach mal hin.

Sie kann Mäuse fangen, den Rasentraktor fahren, Fliegen aus der Lampe holen, Auto fahren. Der letzte Satz von Tilman Jens im Buch über seinen Vater lautet: »Wohl dem, der eine Margret hat.« Wohl uns, wir haben eine.

Auf unserem Frühstückstisch steht neben den verkleinerten Bronzeabgüssen von Barlachs Flötenspieler und dem Buchleser mit dem Gesicht von Käthe Kollwitz eine gelbe Gummiente mit Taucherbrille. Sie stammt aus einem Hotel in Hamburg. Ich war zu einer Lesung dort und wurde von den Veranstaltern, der Besitzerin der ältesten Buchhandlung und dem Pastor der Kirche in Ottensen, die mich am Bahnhof abholten, zunächst ins Hotel gebracht, das außerordentlich stylisch eingerichtet war: Riesen-Aluminium-Röhren an der Decke, im verspiegelten Fahrstuhl Kleiderpuppen mit Zwanziger-Jahre-Mode, im Zimmer ein großes Wandgemälde, graue gummierte Vorhänge. Ich ging ins Bad. Dort stand in der Ecke der Duschkabine eine gelbe Gummiente mit Taucherbrille und orangenem offenen Schnabel, genau wie bei Loriot. Ich beschloss sofort, übrigens gegen meine Gewohnheit, denn ich stehle sonst kein Hotelinventar, sie mit nach Mecklenburg zu nehmen. Ich wollte sie neben die Barlach-Figuren auf den Frühstückstisch stellen als kleinen Stilbruch, zur guten Laune für uns am frühen Morgen.

Ich ging wieder hinunter zu den wartenden Veranstaltern, wurde zum Friedhof geführt, auf dem auch Klopstock und seine beiden Frauen liegen, und absolvierte meine Lesung in der Kirche. Anschließend wurde ich zum Italiener eingeladen, und die Vorsitzende des Kirchenfördervereins, die mir gegenübersaß, fragte mich, wie mir das Hotel zusage; es gehöre einem Freund ihrer Familie. Ich lobte es, wusste aber gleichzeitig, dass ich nun meine Gummiente vergessen konnte, denn meine Anonymität als Entendiebin war hin.

Am nächsten Morgen nahm ich die Ente, ging zur Rezeption und bekundete meine Absicht, sie käuflich zu erwerben. Die Rezeptionistin wies auf einen großen Korb seitlich hinter mir mit Hunderten solcher Gummienten und empfahl mir, doch lieber eine unbenutzte aus dem Korb zu kaufen. Sie nannte mir den Preis, ich ließ mir auf meinen Schein nichts zurückgeben und wollte auch keine Quittung. Die gebrauchte Ente stellte ich wieder auf ihren Platz in der Ecke der Duschwanne.

So hatte ich meine Ehre gerettet.

Die gekaufte Ente aus dem Korb hat manchmal Ausgang, sie steht jetzt in der Nacht neben meinem Laptop und erinnert mich an die Versuchung zur anonymen Unmoral.

Die Schriftstellerin, die ihr da gestern bei mir einquartiert, hat übrigens eine Loriot-Gummiente aus dem Bad mitgehen lassen: Das kann nun der Hotelbesitzer zu der Vorsitzenden des Kirchenfördervereins der Kirche in Hamburg-Ottensen nicht sagen.

Das Absurde, das Erbarmungswürdige, das Rührende, das Furchterregende, das Komische, das Egoistische, das unmaskiert in mein Leben einbrach.

Es wechselt in einer Minute. Ich höre den Atem im Babyphone, denn ich habe auf höchste Empfindlichkeit eingestellt. Es ist eine Nabelschnur. In meinem Zimmer blinkt es, wird plötzlich ganz hell, wenn Derden sich heftig im Bett bewegt und zur Trinkflasche greift, wenn er versehentlich ein Bild von der Wand reißt und es auf den Boden fällt, oder wenn er aufsteht. Einmal, als ich das Babyphone noch nicht hatte, wurde ich von einem leisen, zarten Metallgeräusch wach, stand auf und sah, wie er verzweifelt versuchte, das Stromkabel der Waschmaschine, das frei am metallenen Handtuchständer hing und das er um seine Beine geschlungen hatte, wieder loszuwerden.

Mein Engel, du hast es gemerkt, ich wollte dich im Schlaf nicht stören.

Er hatte das Kabel mit dem Schlauch des Blasenkatheters verwechselt.

Jahrelang hat Derden nachts in die Sterne gesehen, hat die Unendlichkeit ausgehalten. Ich bin ihm dorthin nie gefolgt. Es war mir zu unheimlich, ich konnte mich als Staubkorn unter dem weiten Sternenhimmel nicht begrenzen, wurde eins mit dieser Schwärze. Kaum ein Unterschied, so muss es im Tod sein, dachte ich.

Inzwischen hatte ich zweimal ein merkwürdiges Erlebnis, das damit im Zusammenhang steht: Heute vor 17 Jahren hatte Derden einmal an einem Sonnabendabend starke Rückenschmerzen, und ich rief unseren damaligen Hausarzt in seiner Freizeit an, seine Frau hatte Geburtstag, er kam trotzdem, stellte eine Überweisung zur Orthopädie aus, denn er vermutete eine Osteochondrose der Brustwirbelsäule. Um die Schmerzen zu lindern, gab er Derden eine Dolcontral-Spritze. Am Montag sollten wir zum Facharzt gehen. Nicht dass Sie jetzt die besorgte Ehefrau sind und den Rettungswagen holen, sagte er noch im Wegfahren.

Kurz darauf krümmte sich Derden trotz dieser Spritze gegen stärkste Schmerzen.

Ich rief den Arzt noch einmal an, um ihm zu sagen, dass ich entgegen seiner Empfehlung meinen Mann nun doch ins Krankenhaus bringen würde, ich spürte, dass er in Lebensgefahr sei.

Aber nur mit dem Taxi, nicht mit dem Rettungswagen, wenn Sie es nicht lassen können.

Als der Taxifahrer kam, konnte Derden vor Schmerzen schon nicht mehr laufen, wir stützten ihn gemeinsam bis zum Auto.

In der Notaufnahme war es voll, kaum Platz. Wir hätten eigentlich mehrere Stunden warten müssen, zumal wir ja ohne Einweisung und ohne Krankenwagen gekommen waren.

Ich ging zu der diensthabenden Schwester und sagte, ich müsste sofort mit der Leiterin der Notaufnahme sprechen, bei meinem Mann bestehe Lebensgefahr. Die Schwester entsprach meiner Bitte und brachte uns vor das Zimmer der diensthabenden Ärztin, es war die Leiterin der Funktionsdiagnostik. Eigentlich wollte sie nicht, dass ich mit in das Untersuchungszimmer komme und fragte Derden, ob er mit meiner Anwesenheit überhaupt einverstanden sei. Er bejahte, sagte aber, dass er in drei Wochen einen Kardiologie-Termin hätte, seine Frau aber eben so besorgt sei. Die Ärztin leitete ein EKG ab. Kein Befund. Wir geben ihm ein Schmerzbett in der Orthopädie, dafür haben Sie ja auch eine Überweisung, und am Montag sehen wir weiter.

Er stirbt, sagte ich zu ihr, machen Sie doch bitte noch Labor. Man hörte Rettungswagen-Sirenen. Sie wurde langsam ungeduldig mit mir.

Sie wissen sicher, dass Sie das Labor veranlassen müssen, wenn ein Angehöriger darauf besteht, mahnte ich sie.

Sie nahm Blut ab, das ins Labor ging. Wieder Sirenen des Rettungswagens. Dann kam der Befund: Der Troponinwert war gegenüber dem Normalwert verzehnfacht, es ist im Blut nachzuweisen, wenn Herzzellen absterben. Sie rief den diensthabenden Oberarzt der Kardiologie an, es war Sonnabend spät abends. Er kam aus der Station herunter, und gab Derden einen Bogen, auf dem er sein Einverständnis geben sollte, dass er jetzt am Herzen operiert werde. Derden zögerte, weil er doch in drei Wochen einen Kardiologie-Termin hatte. Der Oberarzt gab den Bogen mir, unterschreiben Sie bitte, wir müssen in den OP, dann schob er das Bett mit Derden aus dem Zimmer der Notärztin und rannte damit den langen Gang hinunter, durch automatisch sich öffnende Türen, und ich mit Derdens Sachen hinterher, bis zum OP. Dort wartete ich, bis sie wieder herauskamen. Es war ein Hinterwand-Herzinfarkt, der im EKG nie zu sehen ist.

Ich ging noch mit bis zu seinem Zimmer und sagte, sie haben dich gerettet.

Dann setzte ich mich ins Wartezimmer der Station. Aber sie schickten mich freundlich nach Hause: Wir nehmen ihn in die Überwachung, morgen nach der Visite um neun Uhr können Sie anrufen. Ich fuhr mit dem Taxi zurück in unser Dorf und gab den Kindern Bescheid. Derdens Sohn sagte, du wirst uns doch informieren, wenn mit ihm etwas passiert, nicht?

Es war jetzt ein Uhr, ich wusste Derden in Sicherheit und stellte den Wecker auf neun. Aber nach einer Stunde wurde ich wach und war überzeugt, dass Derden in höchster Lebensgefahr schwebte. Ich kniete mich auf die Erde und bat Gott, dass er uns noch ein paar Jahre gemeinsames Leben schenkt, noch ein paar Jahre gemeinsames Leben. Nach einer Stunde Wachen wusste ich plötzlich, dass wieder alles gut war. Und schlief bis zum Weckerklingeln um neun Uhr. Ich rief wie erlaubt an, die Stationsschwester gab an den Oberarzt weiter, den ich schon von der Aufnahme kannte, er sagte, Ihrem Mann geht es wieder besser, eine Stunde lang hatten wir heute Nacht ein Problem, er konnte nur noch Hilfe rufen, hatte Wasser im Mund von der Lunge, wir haben das Wasser abgesaugt, auch sein Pulsschlag war hoch, wir haben den Monitor jetzt erstmal von seinem Bett weggedreht und den Alarm am Bett ausgestellt, denn wir haben ja bei uns alles auf den Monitoren.

Gut, dass er in der Überwachung lag, sagte der Arzt, so konnten wir gleich eingreifen.

War das zwischen eins und zwei, fragte ich ihn.

Er bestätigte es.

Ich fragte ihn, ob er das schon mal gehört habe, was mir diese Nacht passiert war.

Erklären könne man das nicht, aber eine Kollegin hätte so etwas einmal von einem Patienten gehört. Für ihn glaubhaft. Aber eben unerklärlich.

Als unser Nachbar wegen eines geplatzten Aneurysmas im Schädel operiert wurde und danach auf der Intensivstation im Koma lag, und seine Frau, die bei ihm Tag und Nacht wachte, mich bat, am nächsten Tag dorthin zu kommen, besuchte ich sie in der verglasten Kabine. Eine rote Narbe über seinem rasierten Kopf, viele Apparate tickten und leiteten ab. Sie flüsterte, weil er von einem gewissen Besucher nichts wissen dürfe, ging deshalb sogar mit mir hinaus aus der Glaskabine. Ich wunderte mich über ihr Flüstern, denn ich hatte ganz deutlich gespürt, dass seine Seele nicht mehr da war, er also gar nichts hören konnte, sie nicht flüstern musste, aber das sagte ich nicht. Zwei Tage später schlugen die Ärzte ihr vor, die Geräte abzuschalten, er sei schon nach der OP hirntot gewesen.

Dass ich fest überzeugt war von der Lebensgefahr, in der Derden schwebte, in jener Stunde zwischen ein und zwei Uhr in der Nacht vor 17 Jahren, kann ich genauso beschwören wie meine Gewissheit vor fünf Jahren, dass die Seele dieses Mannes aus der Nachbarschaft in der Intensivstation nicht mehr im Raum war.

Eine unserer Palliativschwestern hatte selbst ähnliche Gewissheiten. Aber man muss vorsichtig sein, wem man das erzählt, sagte sie mir lachend. Die halten einen sonst für übergeschnappt.

Übrigens:

Die Ärztin der Notaufnahme, der ich mit meiner Bitte, Derdens Schmerzen doch weiter auf den Grund zu gehen, zugesetzt hatte, begegnete mir am nächsten Tag erleichtert auf dem langen Krankenhausgang, als ich Derden in der Überwachung besuchen wollte. Da sah ich auf einmal, was für eine anmutige hübsche Frau sie war mit ihrem langen dicken Zopf. Sie nahm mich in ihre Arme, so wahr ich hier am Laptop schreibe, und sagte: Ein Glück, dass Sie so sicher waren, dass es um Ihren Mann schlimm stand. Er hätte die Nacht ohne die Operation, also ohne Stent, nicht überlebt.

Die Hospizgruppe aus Güstrow saß in unserem Garten, weil sie ihr Jubiläum feiern wollte. Eigentlich sollte ich zu ihnen kommen, aber ich lud sie zu uns ein, weil ich meinen Mann nicht allein lassen wollte und so schnell keine Tagesvertretung fand. Sie brachten Kuchen mit, ich hatte Kaffee gekocht. Das Jubiläum hatte sich herumgesprochen, und nun waren Hospizmitarbeiter aus umliegenden Städten und von noch weiter weg gekommen, auch von der Insel Rügen. Ganz schnell waren wir bei den Themen Kraft und Nichtkaputtgehen angelangt. Wie brennt man nicht aus, wie bleibt man liebevoll, wieviel Distanz muss sein. Ein Mann vom ehrenamtlichen Hospizbesuchsdienst erzählte, dass ihn bei seinem ersten Besuch die Angehörigen schon erwarteten und ihm seine Aufgaben zeigten: Hier ist der Aufwischeimer, falls etwas danebengehen sollte, hier könne er die Windeln zum Wechseln herausnehmen, hier sei frische Wäsche und dort der Kaffee, den er dem alten Vater aufbrühen könnte. Das Mittagessen brauche er nur auf den Herd zu stellen. Als er sagte, dass er zum Gespräch gekommen sei, zum Zuhören, dass er mit ihrem alten Vater über dessen Lebensbilanz sprechen wollte, schickten sie ihn weg. Nein, dann können wir Sie nicht gebrauchen.

Ich erzählte ihnen von einem Hospiz in Norddeutschland, das im obersten Stock des Krankenhauses untergebracht ist, am Ende eines langen Ganges sind mehrere Zimmer dafür reserviert, ein Zimmer ist wie ein Wohnzimmer möbliert, dort könnten Standesbeamte noch eine Eheschließung beurkunden oder Notare Testamente beurkunden. Wenn ein Gast gestorben ist, wird auf die Schwelle vor seinem Zimmer eine Kerze gestellt. Der lange Gang davor gehört zur Entbindungs- und Neugeborenen-Station, mit Glaswänden. Wenn man also selbst in das Hospiz geht oder als Angehöriger zu Besuch kommt, sieht und hört man vorher das neugeborene Leben, die lachenden Gesunden. Welch ein Gegensatz zu den Zimmern der Hospizstation. Dort ist es ganz still. Bei meinem Besuch hatte der betreuende Arzt dort nur eine halbe Stelle inne, weil er gleichzeitig auf einer Station arbeitete, aus der die Patienten wieder entlassen wurden. Er erzählte, dass er und seine Mitarbeiter versuchten, bei jedem Sterbenskranken einen letzten Wunsch zu erfahren und den dann auch zu erfüllen. So wollte eine vormals obdachlose Frau einmal in einem warmen Bad mit Rosenblättern baden. Das haben sie geschafft. Oder ein Mann, der am selben Tag verstorben war und noch in seinem Zimmer lag, mit einer Kerze vor der Tür, wünschte sich, seine letzte Lebensnacht mit seiner Geliebten zu verbringen: Sie sollte die Nacht über bei ihm bleiben, war aber verheiratet, und bisher wusste ihr Mann noch nichts. Vor dieser letzten Nacht musste sie es ihrem Mann also sagen, obwohl ihr Geliebter schon am nächsten Morgen tot sein würde. Der Arzt ließ mich zu dem Toten, der mit einem Blumenstrauß in den gefalteten Händen still in seinem Bett lag, zugedeckt, im Gesicht Metastasen wie Hörner. Was für ein Mut dieser Frau, dachte ich damals, ob ihre Ehe das überstand?

Ich sah in die Gesichter meiner Güstrower Gäste und auch ihrer Kollegen von weiter her. Ich glaube, eine solche Arbeit wirkt sich auf die Seele aus, es waren andere Gesichter als die, die ich normalerweise sehe. Entspannter, toleranter, sie haben einfach schon sehr, sehr viel vom Leben und seinem Mäandern gesehen.

In Schwerin, ergänzte eine Hospizfrau, gebe es den Wünschewagen. Dessen Mitarbeiter fahren zum Beispiel an einen Ort, den der Sterbende noch einmal sehen möchte, oder führen ihn mit Menschen zusammen, mit denen noch etwas zu klären ist.

Selbst ich, die doch im Studium, in der Nervenklinik und in der Ehe-, Familien-, Jugend- und Sexualberatungsstelle gearbeitet hat, bin so dankbar, wenn mir jemand Mut macht, dabei bin ich doch nur eine Angehörige, keine Sterbende. Oder wenn nur ein Brief kommt, nur eine WhatsApp-Frage »Wie geht es Dir?« mit einem Emoji für Umarmung.

Ich saß auf seiner Bettkante, um ihm Gute Nacht zu sagen, und streichelte seinen runden Kopf, am Hinterkopf waren Haare nachgewachsen, er sah mich an und sagte, jetzt singen sie wieder.

Es ist eine Hallu, sagte er weiter, aber sie hören nicht auf.

Ich machte ihm den Vorschlag, mit den Sängern zu verhandeln, ich hätte so etwas gelesen. Ganz verbieten könnte man den Stimmen das Singen nicht, aber man könnte sie bitten, ein paar Stunden Pause zu machen, weil man gern schlafen möchte. Singt einfach morgen um acht Uhr wieder, schlug ich ihm vor.

Bitte singt morgen um acht weiter, sagte Derden ganz ernst.

Dann sah er mich erleichtert an, jetzt haben sie aufgehört. Ein Männerchor. Und wenn nachher die Frauen singen, dann sage ich es denen genauso. Mit denselben Worten. Vielleicht hören die auch auf mich.

Ich war erstaunt, er nicht. Ich weiß gar nicht, wo ich das gelesen hatte. Man ist also gar nicht so ausgeliefert, dachte ich.

Geh jetzt auch ins Bett, sagte Derden.

Ich will noch eine kleine Geschichte schreiben, ich freue mich schon darauf.

Du bist durch Lob zu manipulieren, warnte er mich.

Du musst jetzt auch schlafen, fuhr er energisch fort, du wirst sonst krank, sag doch einfach deinen Leuten vom Verlag dasselbe, was ich zu den Sängern gesagt habe: Morgen weitermachen, für heute ist Schluss.

Wahrscheinlich haben die einen Chef, meinte Derden, der sagte zum Chor, hört mal auf den Alten und seid jetzt still.

Er lächelte wie früher, ich küsste ihn und machte seine Nachttischlampe aus. Trotz der heruntergelassenen Jalousien war es nicht dunkel; denn am Fenster leuchtete der Adventsstern wie schon das ganze Jahr hindurch, durch die waagerechte Türspalte über der Schwelle zum Wintergarten kam etwas Licht, das Babyphone hatte seine rote und weiße kleine Birne an, und vom Wohnzimmer schien durch einen senkrechten Türspalt die abgedunkelte Stehlampe. So konnte sich Derden in der Nacht, wenn er aufwachen sollte, zurechtfinden.

Das Haus hatte ich von innen abgeschlossen und den Schlüssel nicht stecken gelassen, sondern versteckt.

Als ich dann den Laptop hochfuhr, war ich vollkommen glücklich.

Draußen stürmte es. Und es war ganz dunkel. Das Babyphone blinkte neben mir, ich hatte den Eco-Modus eingestellt, der Bildschirm war meist dunkel, so ruhig schlief er. Und dann war ich ganz in meiner Welt.

An einem Morgen wagte ich entgegen allen Vorschriften einen Versuch und fragte Derden, ob er sich noch an die vergangene Nacht erinnerte, als er mich um zwei Uhr geweckt und gefragt hatte, warum ich ihn eben gerufen hätte. Außerdem sei der ganze Rollstuhl vor seinem Bett mit Wasser bedeckt.

Ich hatte in der Nacht klargestellt, dass ich ihn nicht gerufen, sondern dass er mich aus dem Tiefschlaf geweckt habe und dass auch auf dem Rollstuhl alles trocken sei. Ich wusste, dass ich mich ihm als Krankem gegenüber falsch verhielt: Er hatte hohe Dosen Antibiotika intus, die schon allein immer Halluzinationen hervorriefen. Nachts hatte ihn meine Korrektur sehr ärgerlich gemacht, von sich aus, sagte er, würde er mich nicht im Schlaf stören, aber wenn ich ihn riefe, dann müsste er doch fragen, was ich von ihm wollte.

Nein, Schluss jetzt, rief ich in der Nacht kurz nach zwei, gegen jede Vernunft wurde ich energisch laut. Dabei hatte ich mir erst am Vortag vorgenommen, genau wie Alkoholkranke immer mit der Maßgabe zu leben: Bis morgen Mittag um zwölf die Ruhe bewahren. Und wie deren Angehörige immer daran zu denken: Nicht schimpfen, denn er ist krank. Nun hatte ich schon nachts gegen meinen guten Vorsatz verstoßen. Ich löschte das Licht, ging zurück in mein Bett und hörte ihn durchs Babyphone aufgebracht weiter schimpfen, ging zurück, er hatte das Licht wieder angemacht, und machte es aus, beruhigte ihn nicht, ich war einfach zu Tode erschöpft, verlor kurz das Gleichgewicht, kippte gegen die Tür und sagte, bitte, bitte, lass mich schlafen, ich möchte so gern schlafen.

Dann musst du mich nicht mitten in der Nacht wecken, sagte er.

Ich widersprach nicht und ging in mein Zimmer. Es blieb nun ruhig im Babyphone.

Am Morgen fragte ich Derden, was ihm lieber sei: dass ich über die vergangene Nacht nichts sage oder ob wir darüber sprechen wollten.

Ich fühlte so ein Verlangen, mich nicht abzufinden, ihn in der Welt zu halten.

Zunächst blieb Derden bei seiner Version des nächtlichen Zwischenspiels und sagte: Du hast deine Erinnerung, und ich habe meine. Du hast mich geweckt.

Ich erklärte ihm mein Motiv: Vielleicht könnten wir sein Erinnern ein wenig üben.

Vielleicht hast du geträumt, dass ich dich rief, was meinst du? Da wurdest du wach und hast deine Lampe angemacht, warst noch ganz benommen und hast Wasser auf dem Rollstuhl gesehen.

Ja, es war wie ein grauer Schleier über dem Sitz, wie Wasser.

Und während du aufwachtest und dachtest, dass ich dich gerufen habe, weil du Traum und Wirklichkeit noch nicht trennen konntest, hast du mich geweckt, weil du doch das Wasser auf dem Rollstuhl fließen sahst.

Ja, das ist möglich, sagte Derden, dass ich dein Rufen träumte. Ich muss wohl zwischen Verkennen und Halluzinationen unterscheiden.

Dann frühstückten wir beide zufrieden weiter.

Er erzählte von seiner neuen Erkenntnis: Es gibt keine Unendlichkeit. Das sei ihm beim Aufwachen plötzlich klar geworden. Endlichkeit gäbe es sowieso nicht, aber Unendlichkeit auch nicht. Nach außen und nach innen. Nach außen werde alles immer größer und größer, kaum vorstellbar, unvorstellbar, wie groß und größer alles werden könnte. Und auch nach innen, immer kleiner, immer kleiner, unvorstellbar. Und darum gebe es keine Unendlichkeit. Weil es immer weiter gehe, unendlich weitergehe.

Das ist doch gerade der Beweis, dass es die Unendlichkeit gibt, sagte ich. Dass es immer weitergehe.

Das ist der Beweis, dass es die Unendlichkeit nicht gibt, sagte er schließlich mit Bestimmtheit, und ich wurde tatsächlich unsicher.

Nach Wochen, in denen ich das Haus nicht verließ, immer in Derdens Sicht- und Rufweite, hatte ich ohne Zögern auf eine besondere Einladung hin Ja gesagt. Sie kam vom Beauftragten der Bundesregierung für die Belange behinderter Menschen. Ich sollte am 27. Januar, dem Gedenktag für die Opfer der NS-Euthanasie in Berlin, an der Kranzniederlegung teilnehmen und anschließend in der Philharmonie aus meinem Buch über die Morde an den Kranken der Nervenklinik Schwerin im Zweiten Weltkrieg lesen. Dazu sollte ein Kammerorchester spielen. Eingeladen waren Nachkommen der Opfer und der Angehörigen.

Ich hatte schon sehr viele Einladungen wegen der notwendigen weiten Reisen und der schwierigen Vertretung aus Rücksicht auf Derden dankend abgelehnt: das Schloss Elmau (da könnten

Sie den ganzen Tag am warmen Pool in einem weißen Bademantel die Zugspitze betrachten), die Wiener Buchwoche, die Berner Literaturtage. Aber dieser Einladung nach Berlin zum Euthanasie-Gedenktag wollte ich folgen. Ich hatte extra darum gebeten, die Veranstaltung so zu legen, dass ich an einem Tag mit Taxi und Bahn hin und zurück fahren könnte, also keine Übernachtung für meine Vertretung notwendig werde. Also nur von halb sieben bis abends um neun.

Doch alle, die ich fragte, ob sie für mich einspringen könnten, hatten keine Zeit: Die Hauptvertretung hatte mir schon vor längerem gesagt, dass sie im Januar bei ihren Eltern eingeplant sei, unsere Pflegeschwestern waren froh, dass sie in zwei Wochen mal zwei Tage frei hatten, die Schwester mit dem Impfverfolgungswahn wollte ich nicht fragen, eine andere musste ihre Enkel betreuen, eine andere hatte sich zur Trauerrednerin ausbilden lassen, eine andere hatte zwar Zeit, war aber verliebt und musste den Tag für ihren verheirateten Geliebten reservieren, falls der sich überraschend loseisen könnte, eine andere wollte die Verantwortung nicht tragen, bei einer anderen war die Urlaubsplanung für den Januar schon abgeschlossen. Und Derden wollte nicht von zuhause weg, auch nicht in die Kurzzeitpflege für zwei Übernachtungen. Seine drei Kinder hatten ja schon vor Jahren abgewunken. Ich sagte ihm, dass ich ihn nach Berlin mitnehmen würde, weil ich niemanden zur Vertretung fände. Er sagte, dass er sehr gut 14 Stunden allein verbringen könne und zuhause bleiben möchte. Insgesamt acht Stunden mit Taxe, Bahn und Bus hin und zurück seien ihm zu anstrengend, aber er wolle seine Tochter fragen. Der ehrenamtliche Hospizbesuchsdienstmann machte mir Hoffnung, weil er den Anlass wichtig fand, dass er die 14 Stunden dieses Tages bei Derden verbringen könnte. Ausnahmsweise. Er hat mich schon zwei Mal vertreten, als ich an Beerdigungen teilnehmen wollte.

Die Leute lieben dich, das musst du dir doch nicht bestätigen lassen, sagte Derden, vergiss dein Alter nicht, die Leute können doch selber lesen, bleib doch zuhause. Und warum willst du eigentlich immer weiter schreiben. Damit musst du jetzt aufhören.

Bis morgen Mittag um zwölf, dachte ich, muss ich ruhig bleiben. Und wenn alle Stricke reißen, wenn auch Ende Januar Schnee und Glatteis herrschen, werde ich eine Lösung finden.

Alles um mich herum ist still. Wir haben an seinem Bett eine Flasche Birnensaft ausgetrunken, und er nahm die Tabletten, wollte nichts zum Abendbrot essen, war ruhig und glücklich, ohne Schmerzen.

Ich ging zu meinem Arbeitsplatz an den Laptop, den ganzen Tag sehne ich mich nach diesem Zustand, in dem ich in Ruhe schreiben kann.

Und ich schilderte, wie es war heute um acht Uhr morgens, als ich in sein Zimmer kam, das ich abends abgedunkelt hatte, wie immer, und Guten Morgen sagte, und wie er unverändert und gut zugedeckt und wieder angewärmt dalag, nach dem Sturz draußen auf die kalten Steine, mit dem Gesicht zur Zwischenwand, inmitten seiner drei Kopfkissen, wie er nicht antwortete und wie ich dachte, er wird doch nicht tot sein, und die Jalousien hochzog und noch einmal Guten Morgen, ganz laut, rief, und wie ich erleichtert sein wohliges, kein nervöses, Knurren hörte.

Über ein halbes Jahrhundert drehte ich nachts und auch morgens meinen Kopf zu ihm. Und da atmete er.

Wenn er nicht geantwortet hätte, schrieb ich, auch nach wiederholtem Rufen nicht, wäre ich nicht näher an sein Bett herangegangen, sondern hätte mich an die Haustür gesetzt und gewartet, bis die Schwester oder der Pfleger vom Pflegedienst kommen würden für die zwanzig Minuten Körperpflege für ihn am Morgen. Und dann hätte sie oder er vielleicht gar nicht seine Augen schließen müssen, weil er sie nach dem Schlaf nicht mehr geöffnet hätte. Die Schwester würde mich in den Arm nehmen. Und ich würde nicht weinen, sondern in eine wundersame Entfremdung geraten. Und wenn der Pfleger im Dienst wäre, dann würde er mich ruhig ansehen und fragen: Welche Hilfe brauchen Sie jetzt?

Und sowohl er als auch die Pflegeschwester hätten in ihrer Zentrale angerufen und an diesem Vormittag um Vertretung gebeten und noch ein wenig bei mir gesessen.

Dann wären sie in ihr kleines rotes Auto gestiegen und nie wieder gekommen, denn das hier ist ja ihr Beruf.

Und ich wäre sitzen geblieben, hätte das Telefon angesehen und wäre an sein Bett gegangen, in dem er mit gefalteten Händen und geschlossenen Augen gelegen hätte.

Und ich hätte mich zu ihm auf die Bettkante gesetzt und meine Hände um seine gefalteten gelegt.

Und dann hätte ich sie geküsst, seine dünnhäutigen lieben Hände.

Und dann wäre ich einfach bei ihm sitzen geblieben wie ein alter treuer Hund.

Und ich wäre wieder in diesen schwerelosen Traumzustand geraten, in dem ich alles Notwendige richtig mache.

Und der morgende Tag wird für das Seine sorgen.

Ich danke meiner Lektorin Maria Ebner, die mich, obwohl sie meine Enkelin sein könnte, mit ihrer Klugheit und unerschrockenen Geduld auch bei diesem Buch begleitet hat.

»Ein Ereignis über die Literatur hinaus.«

Stephan Wackwitz, taz

ALLE LIEFERBAREN TITEL, INFORMATIONEN UND SPECIALS
FINDEN SIE ONLINE

www.dtv.de **dtv**

»Helga Schubert ist eine Meisterin des Faktischen, Präzisen.«

Ines Geipel, Frankfurter Allgemeine Zeitung

ALLE LIEFERBAREN TITEL, INFORMATIONEN UND SPECIALS FINDEN SIE ONLINE

www.dtv.de **dtv**

»Sie war und ist eine der ganz Großen der kleinen Geschichten – und dass das nun der gesamte deutschsprachige Raum weiß, ist ein Gewinn für alle.«

Johanna Steiner, taz am Wochenende

HELGA SCHUBERT
LAUTER LEBEN
ERZÄHLUNGEN

SPIEGEL Bestseller-Autorin

dtv

ALLE LIEFERBAREN TITEL, INFORMATIONEN UND SPECIALS FINDEN SIE ONLINE

www.dtv.de **dtv**

»Jede einzelne Geschichte hat das Bleigewicht einer Tragödie, alle sind sie spannend, man schwankt zwischen Verschlingen, Ratlosigkeit, Wiederlesen, Nachdenken.«

Gustav Seibt, Süddeutsche Zeitung

ALLE LIEFERBAREN TITEL, INFORMATIONEN UND SPECIALS FINDEN SIE ONLINE

www.dtv.de **dtv**